KB140913

100조를
움직이는 사람들

100조를 움직이는 사람들

자본시장과 투자의 미래, 사모펀드 이야기

초판 1쇄 발행 2022년 1월 27일
초판 3쇄 발행 2022년 2월 10일

지은이 최우석, 조세훈
펴낸이 유정연

이사 임충진 김귀분
기획편집 신성식 조현주 김수진 심설아 김경애 이가람
디자인 안수진 김소진
마케팅 박중혁 김예은
제작 임정호 **경영지원** 박소영

펴낸곳 흐름출판(주) **출판등록** 제313-2003-199호(2003년 5월 28일)
주소 서울시 마포구 월드컵북로5길 48-9(서교동)
전화 (02)325-4944 **팩스** (02)325-4945 **이메일** book@hbooks.co.kr
홈페이지 http://www.hbooks.co.kr **블로그** blog.naver.com/nextwave7
출력·인쇄·제본 성광인쇄 **용지** 월드페이퍼(주) **후가공** (주)이지앤비(특허 제10-1081185호)

ISBN 978-89-6596-495-7 03320

100조를
움직이는 사람들

최우석·조세훈 지음

흐름출판

자본시장 고수들의 투자법

대한민국 기업인들의 마음속에는 늘 자신이 이끄는 기업의 생존과 성장에 대한 불안감이 자리하고 있다. 대기업집단은 물론이거니와 중견기업, 중소기업 그리고 벤처기업에 이르기까지 기업인들은 하루하루 전쟁터의 살벌함 같은 시장의 냉혹함을 느끼며 출근길에 나서 왔을 것이다. 하물며 변화의 속도를 가늠할 수 없는 지금 시대는 어떠한가. 암호화폐, 메타버스, 플랫폼 비즈니스, 디지털 트랜스포메이션 등 기존 산업의 사고방식으로는 이해하기도, 가치를 매기기도 어려운 새로운 분야가 세상의 화두가 되고 있다. 누군가는 그것을 활용해 막대한 부를 축적했다는 이야기도 들린다. 자본력과 정보력이 앞선 글로벌 기업들은 그런 신기술을 활용하여 사업을 전환하며 심지어 페이스북은 상호를 메타로 변경하기까지

했다. 우리나라 기업들은 이런 변화를 지켜만 보고 있자니 막연한 불안감이 들고 반대로 무작정 따라가자 하니 현기증이 나기도 한다. 무엇보다 이제 막 대두된 기술들이 과연 시장의 기술적 표준이 될 것인지 불확실하다는 점이 혼란을 가중시킨다. 문제는 변화의 속도이다. 과거 제조업 중심의 산업현장에서는 꼭 1등이 아니어도 잘하는 2등, 3등이 되어도 살아남을 수 있었다. 오히려 시행착오를 줄이고 세상의 변화를 어느 정도 확신이 들 때까지 지켜보고 잘 준비해서 시작하는 것이 성공할 확률도 높았다. 그러나 이미 도래한 산업 3.0 시대에는 엄청난 기술 변화의 속도와 자본시장 영향력의 극대화를 받아들이고 활용하는 것이 기업의 생존과 성장을 위해 필요하다는 생각이 점점 강하게 든다. 불과 10년 전, 직원 7명으로 시작한 국내 온라인 상거래 업체가 성장을 거듭하여 올해 미국 주식시장에 상장하면서 시가총액 100조 원으로 평가받는 일이 벌어졌다. 그 기업이 바로 쿠팡이다. 쿠팡은 기술과 트렌드 변화를 적극적으로 받아들였고 자본시장을 활용하여 기업의 생존을 넘어 압도적인 성장을 보여주었다.

기업에 투자하는 일을 직업으로 삼아 10년 넘게 활동하면서 늘 마찬가지인 심정이었다. 내가 투자한 기업이 살아남고 기업 가치가 올라가야 좋은 성과를 낼 수 있기 때문이다. 그리고 기업에 막대한 자금을 투자하는 나의 업무 특성상 투자해놓은 기업이 도산하는 등 단 한 건의 실패 사례만 있어도 내가 몸담은 회사에 수백억 원의 손실을 끼칠 수 있다. 그래서 나에게 투자 의사를 결정하는 과정은 살 떨리는 운명적인 순간의 연속이었다. 그 판단을 위해 나는 동료들과 함께 하루 대부분의 시간을 썼다. 복잡한 시장과 산업의 현재와 미래를 판단하고 예측하는 것은 결코 녹록치 않은 고된 노력이 필요하기 때문이다. 감사하게도 10년을 돌아보면 내가 투자한 기업들은 잘 살아남았다. 그리고 그 투자가 밑거름이 되어 성장의 동력을 마련할 수 있었다.

그러나 그 과정을 지켜보는 일이 쉽지만은 않았다. 과연 투자한 기업이 시장경쟁에서 살아남고 더욱 성장할 수 있을까. 혹시 세상의 변화 속에서 가마솥 안에 있는 개구리처럼 안주하고 있지는 않을까. 편하게 바라볼 수만은 없었다. 그래서 그들에게 방법을 찾아주고 싶었다. 어떻게 하면 투자기업들이 성장할 수 있을지 함께 생각하다 보니 기업인들의 고뇌와 심정을 이해할 수 있게 되었다. 기업인들과 허심탄회하게 이야기를 나누기도 하고 때로는 주주로서 반 강요하듯이 변화를 요구하기도 했다. 결국에는 기업가치 극대화라는 같은 목표를 향해서 가고자 하는 것 아니겠는가. 그래서 든든한 조력자이자 파트너를 기업들에게 소개해주려고 애써왔다. 다행스럽게도 노력하는 과정에서 기업의 생존과 성장을 위한 고차 방정식을 풀어갈 수 있는 단초를 찾을 수 있게 되었고 수백 건의 기업투자 경험과 사례들을 분석하면서 나름대로 노하우를 구축할 수 있었다. 무섭도록 빠른 세상의 변화 앞에 두려움과 답답함을 느끼는 이 시대의 기업인들을 미력이나마 돕기 위한 애정이 담긴 마음으로 이 책을 집필하게 되었다. 기업인들이 이 책을 통해 성장의 발판을 마련하게 되면 나에게는 또 다른 좋은 투자 기회로 다가올 것이라 믿기 때문이다.

내가 지켜본 성장하는 기업들은 든든한 조력자와 자금줄 역할을 하는 파트너를 잘 만나왔다. 과거에는 기업 자체의 역량과 기술력을 기반으로 고독하게 성장해온 전통산업 중심의 시대였다면 이제는 쿠팡, 아마존 같은 혁신적인 IT 기술을 잘 활용하여 도약하는 기업들의 시대다. 그리고 앞으로는 더 나아가 금융자본, 즉 사모펀드^{PEF} 같은 투자자본이 산업과 기업에서 조력하는 역할과 비중이 점차 커질 것이다. 단순히 매각 차익을 추구하는 '먹튀'가 아니냐는 과거의 비판적 시각으로 지켜보기에는 자본시장에서의 영향력이나 비중은 이미 절대적인 위치에 있다. 이런 변화의 지점을 기업인들이 빨리 인식하고 변화에 대응하길 소망한다.

특히 전 세계적으로 강조되고 있는 ESG는 기업환경에 있어 생존을 위한 전제조건이 되고 있다. 이제는 나와 같은 기관투자가들은 ESG를 준수하지 않는 사모펀드에 투자를 진행하지 않는다. 사모펀드는 이런 변화에 가장 민감하게 반응하고 빠르게 대응한다. 투자자본은 변화를 잘 활용하면서 성장의 방향을 찾아가고 있다. 수년 전부터 폐기물 섹터를 개척해 ESG 산업을 이끌어나가고 있는 게 그 방증이다. 즉, 2020년대는 금융자본, 그중에서도 PEF를 잘 활용하는 곳 기업이 생존 경쟁에서 앞서 나갈 수 있는 시대다.

이 책을 통해 기업인들이 기업경영의 좋은 조력자가 될 수 있는 사모펀드^{PEF}를 어떻게 구분하고 어떻게 함께 일해야 하는지를 제시해주고자 한다. 또한 사모펀드^{PEF}의 이해관계자로 종사하는 자본시장 참여자들과 미래 참여희망자들이 PEF 시장을 잘 이해하고 업무를 수행하는 역량을 키울 수 있도록 다양한 실제 케이스를 중심으로 쉽게 설명해 보았다. 마지막으로는 PEF의 역할이 점차 커져가는 이 시대에 공모 혹은 사모펀드 시장을 통해 상장, 비상장 기업에 투자하고자 하는 개인투자자들을 위해 어떻게 PEF와 그 투자 활동을 이해해야 하는지, PEF가 향후 어떤 분야에 투자할지를 제시했다.

1장에서는 자본시장에서 사모펀드의 비중과 역할이 커지는 변화에 대한 설명과 함께 왜 기업들이 PEF와 함께 일해야 하는지를 설명하였다. 2장에서는 지난 10년간 PEF와 함께 일한 기업들이 실제로 어떤 성장과 성과를 이루어 냈는지를 다루었다. 3장에서는 PEF 시장의 이해도를 높이기 위해 PEF 이해관계자들이 어떻게 의사결정하고 일하는지 기술하였다. 4장에서는 향후 PEF의 자금이 어디로 흐를 것인지 큰 그림을 조망할 수 있기 위한 주제로 집필하였다. 마지막 5장에서는 개인투자자 관점에서 PEF를 투자에 어떻게 활용해야 할지를 다루었다.

사모펀드 시장에서 주로 일하는 기관투자가는 눈에 띄지 않는 기업의 조력자가 맞다고 생각했다. 때문에 일하는 과정을 책으로 알리고 다루는 것에 고민이 깊었다. 그러나 이제 뒤에 숨을 수 없을 만큼 PEF 전성시대를 맞이하게 되었고 그 시장변화의 의미를 날카롭게 취재하는 조세훈 기자의 눈을 피할 수 없었다. 자본시장 변화의 물결을 세상에 친절하게 소개하고 안내하는 것이 자본시장 발전에 기여하는 길이라는 조 기자의 의견을 부인할 수 없었다. 그래서 생존과 성장을 위해 고민하는 기업인들에게 그리고 좋은 투자성과로 보답해야 하는 나와 같은 기관투자가들과 PEF 시장 참여자들에게 응원의 메시지를 보내기 위해 우리는 머리를 맞댔다. 이 결과물이 한국 자본시장의 발전에 한 움큼만이라도 기여하기를 바란다.

최우석

누구도 말해주지 않았던 사모펀드

"한국 사모펀드^{PEF}에 대해 알려면 어떻게 해야 하지?" 나는 자본시장 전문매체 『더벨』에서 금융부를 취재하고 있었다. 그러다 2019년 여름부터 인수합병^{M&A} 부서로 자리를 옮기게 되면서 사모펀드, 그중에서도 PEF 시장이 주 취재 대상이 됐다. 나름 금융시장의 메커니즘을 잘 이해한다고 생각했지만 PEF 시장은 도통 알기가 어려웠다. 말 그대로 사모^{私募}, 소수 투자자들이 비공개로 자금을 모아 투자하는 영역이었기에 기자 신분임에도 '철의 장벽'처럼 느껴졌다.

답답한 마음에 먼저 서점을 찾아갔다. 사모펀드와 관련된 도서는 변호사, 회계사 등이 쓴 전문 실무서가 전부였다. 그나마 시중에 있는 책은 해외 시장의 사례 분석을 주로 다뤘고 국내 M&A는 이제 과거형이 된 조 단위의 투자 건들만 나열되어 있었다. 매년 빠르게 바뀌는 시장을 이해하기는 어려웠다. 좀 더 고된 작업이지만 논문에 답이 있을 것으로 생각했다. 하지만 아쉽게도 PEF 성장 속도에 비해 그에 관한 연구는 극히 소수에 불과했다. 논문들도 지엽적인 부분들에 초점을 맞추고 있어 시장을 전체적으로 조망하기는 어려웠다. 결국 투자은행ⁱᴮ 현업에서 PEF 투자를 맡은 전문가들에게 알음알음 자문을 구하며 시장을 이해해야 했다.

'알기 어렵지만 이제는 알아야 한다.'

PEF를 취재하면서 이런 확신이 들었다. 책을 처음 쓰려고 할 때 84조 원이던 PEF 약정 금액은 1년 반 만에 100조 원을 넘어섰다. 국민연금, 사학연금, 공무원연금 등 국내 노후 생활을 책임지는 기관들이 매년 PEF 부문에 수조 원씩 출자하고 있다. 이들의 성과에 따라 연금 고갈을 막고 안정적인 노후 생활을 보낼 수 있다.

최근 '동학 개미', '서학 개미' 등 주식 열풍이 불면서 M&A에 관심을 두게 된 사람들이 많아졌다. 주주 친화 정책, 주가 흐름 등에 영향을 끼치는 거래에서 PEF가 차지하는 비중이 매년 증가하고 있다. 하지만 뉴스를 통해 PEF의 소식을 전해 들어도 이를 온전히 이해하기엔 어려울 것이다.

투자에 관심 없는 사람들도 사모펀드ᴾᴱᶠ를 이해해야 하는 시점이 다가왔다. 치킨 전문점 BHC, 노랑통닭과 버거 전문점 버거킹,

맘스터치 등 우리가 일상적으로 소비하는 기업들은 사실 사모펀드가 주인인 곳이다. 갈수록 사모펀드가 인수하는 기업이 늘어나고, 한국경제를 움직이는 거인이 되고 있어 이들의 의사결정이 실생활에 미치는 정도가 나날이 커지고 있다. 그런데 일목요연하게 설명하는 콘텐츠가 없다는 것은 심각한 문제라고 느꼈다. 사모펀드를 좀 더 알리는 일을 하고 싶다고 생각했다.

2019년 겨울, 고려대학교 앞 노포에서 투자 실무 분야에서 이름을 날리고 있던 최우석 MG새마을금고 팀장을 만났다. 고려대 경영전문대학원^{MBA} 수업을 마치고 나온 최우석 팀장과 다양한 이야기를 나눴다. 그는 PEF 분야에서 '금기 영역'으로 분류된 곳에 투자하며 국내 시장을 선도해온 인물로 익히 알려졌다. 바이오 분야 선구자인 셀트리온과 2차전지 소재 대표기업 에코프로비엠을 모험자본^{VC}이 아닌 PEF를 통해 투자하며 본격 국내 혁신기업의 성장 서사를 열어냈다.

나는 단도직입적으로 "그동안의 경험으로 PEF에 대한 정보를 세상에 공유해 달라"고 요청했다. 시장을 관찰하고 기록하는 기자인 나와 국내 굴지의 투자를 이끈 그의 경험을 더하면 일반 국민부터 투자자, 기업인에게까지 도움이 될 수 있는 정보를 제공할 수 있다고 생각했다. 다만 저녁이면 대학원 수업, 일할 때는 수백 건의 투자 건을 검토하는 그로서는 이 프로젝트에 합류하는 일이 쉽지만은 않았다.

이후 매달 만나 서로의 의견을 공유했다. 이야기를 나눌수록 PEF의 대중화가 필요하다는 데 의견이 모였다. 시대가 빠르게 변하지만 미시의 함정에 빠진 경영자의 이야기가 와닿았다. 글로벌 기업에도 뒤처지지 않는 기술력을 바탕으로 굴지의 자동차 제조사에 부품을 공급하는 한 업체 최고경영자^{CEO}는 "전기차 시대가 언제 도래할 것이라고 생각하느냐"라고 말했다. 내연기관이 저물고 있지만 테슬라를 필두로 한 전기차가 대중화되려면 꽤 긴 시간이 필요하다고 내다 봤지만 변화하는 환경에서 다소 혼란을 느낀 듯하다. 이는 산업 현장에서 두루 공유하는 정서이자 카오스다. 산업현장이 주저할 때 자본시장은 전기차 시대라는 '예정된 미래'를 먼저 내다보고 과감한 투자에 나섰다. 이들과 손잡은 에코프로비엠과 같은 국내 기업은 세계를 호령하는 기업으로 도약했다. 기술력이 뛰어난 국내 강소기업이 변화에 예민한 PEF와 함께 맞손을 잡는다면 국민경제가 한층 더 도약할 수 있지 않을까. 이런 공감대 속에 쉽지 않은 길이지만 함께 작업하기로 했다.

이 책에서는 최대한 많은 사례를 제공해 사모펀드의 생생한 모습을 전달하고자 했다. 짧지만 고속성장을 해온 국내 사모펀드의 역사를 정리하고 인수합병^{M&A} 시장에서 어떤 역할을 하고 있는지 쉽게 풀어썼다. 수백 건의 투자 사례들을 정리하고 사모펀드만이 가진 강점들을 정리했다. 이 부분만 읽더라도 PEF가 어떤 역할을 하는지 쉽게 이해할 수 있을 것으로 기대한다. 딜의 최종 심판자 역할을 하는 기관투자자^{LP}들에 대해서도 상세히 이야기했다. 연기금, 공제회, 금융사들이 어떤 관점에서 투자를 결정하는지 엿보면 기업, PEF 관계자뿐만 아니라 개인투자자들에게도 새로운 시각을 줄 수 있다. 돈이 흐르는 곳을 자세히 알아야 올바른 의사결정을 내릴 수 있다.

마지막으로 미래를 보는 창을 제시하고자 했다. 이 부분은 수백 건의 투자 건 중 가장 유망한 섹터를 비교 평가하는 기관투자자^{LP}의 정보 집약을 나름의 투자 섹터로 분류한 것이다. 나는 이미 이런 실증 사례를 접했다. 2019년 말 최우석 팀장은 전기차 시대와 함께 수소차가 성장할 것이라고 힘주어 말했다. 문재인 정부의 정책 기조와 국내 대기업의 움직임이 모두 '수소'로 향하고 있고, 글로벌 움직임도 확장 국면에 진입해 주목해야 할 때라는 의견이었다. 수소차 관련 콘퍼런스 등의 일정을 공유하며 한참 관심을 기울였던 게 기억난다. 수소는 뜬구름이라고 비판하는 사람들도 있었지만 일부 LP는 이 섹터에 주목했다. 그중 최 팀장은 MG새마을금고가 수소용기 제조업체 엔케이에테르에 핵심투자자로 나서도록 했다. 1년 후 매출이 8배 이상 늘어나면서 투자는 대성공을 거두고 있다. 이 회사뿐 아니라 많은 수소 관련 업체들이 자본시장에서 높은 기업가치를 인정받으며 주목받고 있다. 사모펀드가 좋은 성과를 내고 LP들이 주목하는 분야가 바로 미래 성장동력이 될 수 있는 섹터다. 이런 부분들을 참고할 수 있도록 충실히 서술했다.

'한강의 기적'을 이룬 한국경제는 산업자본을 넘어 이제는 금융자본이 주도하는 한국경제 3.0 시대에 도달했다. 금융이 주도하는 톱니바퀴는 더 빠르게 국내 경제를 움직이고, 혁신 생태계로 이끌 것이다. 이 책이 그 노정의 길에 보탬이 되었으면 저자로서 더 바랄 게 없다.

조세훈

1장 자본시장 변화의 물결에 올라타라

2장 사모펀드와 함께 성공한 기업들

3장 사모펀드를 이끄는 변화의 주역들

4장 자본주의 3.0 시대, 어디에 투자하나

5장 개인투자자의 사모펀드 활용법

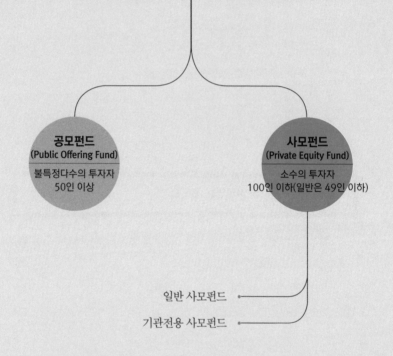

펀드

= 집합투자기구
= 투자자에게서 모은 자금을 자산운용 회사가 주식 및 채권 등에 투자한 후,
그 결과에 해당하는 금액을 돌려주는 간접 투자 상품

공모펀드
(Public Offering Fund)

불특정다수의 투자자
50인 이상

사모펀드
(Private Equity Fund)

소수의 투자자
100인 이하(일반은 49인 이하)

일반 사모펀드

기관전용 사모펀드

		일반 사모펀드	기관전용 사모펀드
운용 주체		일반 사모 운용사(금융투자업자)	업무집행사원(非금융투자업자)
투자자 범위		① 전문 투자자 ② 최소 투자금액 이상(3억 원, 레버리지 200% 초과 5억 원) 투자하는 일반 투자자	기관투자자 및 이에 준하는 자: 금융기관, 특수법인, 연기금, 공제회, 일정 요건을 갖춘 주권 상장 법인 등
설정·설립 보고		사후 보고(2주 이내) 단, '경영 참여 목적 펀드'가 일정 요건*을 갖춘 경우 설립 즉시 보고 *상호출자제한집단 계열사가 30% 이상 투자하는 경우 등	
투자자 보호 장치		① 일반 투자자 대상: 투자자 보호 강화 ② 전문투자자 대상: 현행 수준 유지	현행 수준 유지
운용 목적		경영 참여 목적 등 모두 가능	
운용 방법	차입	400% 이내	
	대출	가능(단, 개인 대출 금지)	
	의결권 제한	의결권 제한 없음	
	지분 투자	지분 투자 의무 없음	
보고 의무	업무 보고서	매월 제출	해당 없음 단, GP 등록사항 변경 시 변경 보고
	펀드 보고서	분기별 제출	반기별 제출
감독·검사		금융투자업자로서 감독·검사	업무집행사원 검사 권한 명확화

사모펀드 제도가 개편되기 전에 일반 사모펀드는 전문투자형 사모펀드(헤지펀드), 기관전용 사모펀드는 경영참여형 사모펀드였다. 위의 표는 제도가 개편된 후 내용에 해당한다.

기관전용 사모펀드의 구조

ex) 칼라일, KKR, 론스타 – 해외PE
   MBX파트너스, IMM, 한앤컴퍼니 – 독립계PE
   금융계PE

ex) 칼라일, KKR, 론스타 – 해외PE
   MBX파트너스, IMM, 한앤컴퍼니 – 독립계PE
   금융계PE

$\longrightarrow$ 기관투자자(LP)

- 국가, 한국은행
- 금융기관(특수은행 포함한 은행), 보험사, 종금사, 금융투자회사, 자금중개회사, 금융지주회사, 여전사, 저축은행 및 중앙회, 산림조합중앙회, 신협중앙회)
- 특수법인(예금보험공사, 한국주택금융공사, 한국자산관리공사, KIC, 예탁원, 거래소, 금융감독원, 신용보증기금, 기술보증기금)
- 펀드
- 연기금(8개) 및 공제회(10개)
- 기관전용 사모펀드와 동일한 투자자로 구성된 신기술 사업 투자조합
- 금융회사 및 특수법인이 90% 이상을 출연한 재단법인
- 최근 1년 이상 500억 원 이상의 금융 투자 상품 잔고를 보유한 비상장법인
- 모태펀드와 해양진흥공사와 같이 공적목적 달성을 위해 설립된 기관 및 단체
- 외국 정부, 국제기구, 외국 중앙은행
- 외국 금융기관 및 특수법인

- GP(General Partner): 무한책임투자자. 펀드를 운용하는 팀
- LP(Limited Partner): 개인, 기관투자자를 포함한 유한책임투자자
- PEF(Private Equity Fund): 사모펀드, 소수의 투자자들에게서 모은 자금으로 운용하는 펀드

즉, LP는 펀드에 자금을 출자하여 GP에게 운용을 맡기고, 그 대가로 보수를 GP에게 지급한다. GP는 출자금으로 경영권을 인수하는 등의 방식으로 투자하며, 투자금을 회수하면 LP와 나눈다.

1장
자본시장 변화의 물결에 올라타라

1

사모펀드 전성시대

2020년 공정거래위원회에서 발표한 대기업집단(공시대상기업집단)에 생각지 못한 이색적인 기업이 포함되면서 업계가 술렁였다. 이번 발표에 HMM(옛 현대상선), KG그룹, 삼양 등 국민에게 익숙한 기업과 함께 IMM인베스트먼트가 새롭게 준대기업집단으로 지정된 것이다. 공정거래위원회는 해마다 자산 총액 5조 원 이상의 기업을 공시대상기업집단으로 지정하는데, 여기에 포함된 곳은 공시 의무와 총수 일가 사익편취 규제가 적용된다. 이는 명실상부 재계의 큰손으로 인정받는 것이다.

국내 토종 사모펀드^{PEF} 운용사인 IMM인베스트먼트는 2019년 무려 79개 계열사를 보유했다. 자산만 6조 원이 넘어 사모펀드 운용사로는 처음으로 준대기업집단으로 분류되었다. 그렇다고 해서

IMM인베스트먼트가 국내 1위 운용사라는 뜻은 아니다. MBK파트너스, 한앤컴퍼니 등은 IMM인베스트먼트보다 자산 규모가 크다. 지분이 한 명에게 집중되지 않은 공동 운영 구조이며, 기업집단의 최상단 회사가 금융·보험업을 영위하여 준대기업집단 지정을 피했다. 규모로만 보면 이미 대기업집단에 여러 사모펀드 운용사가 포함된 것이다.

17년 만에 삶의 동반자가 된 사모펀드 ──────────

2004년 12월, 사모펀드 제도가 국내에 처음으로 도입됐다. '금융허브론'을 표방한 노무현 정부가 여러 우려에도 간접투자자산운용업법 개정을 결정하면서 관련 시장이 개방되었다. 당시 IMF 위기라는 광풍이 휩쓸고 간 후, 전통적인 수출주도 성장전략이 한계에 직면했다는 경고음이 널리 퍼진 상태였다. 첨단기술은 일본과 경쟁하고 저가 제품은 중국과 경쟁하게 되면서 우리나라가 도태될 수 있다는 '샌드위치 위기론'이 팽배했다. 금융허브론은 금융규제를 완화한 이후 폭발적으로 성장한 영국, 아일랜드 등을 모델로 한 것으로, 기존의 수출주도성장에서 벗어나 금융을 보다 개방하면 한국경제가 한 단계 도약할 수 있다는 믿음에서 출발했다. 다만 론스타의 일명 '먹튀' 논란, 2009년 글로벌 금융위기 등이 겹치며 그 꿈은 미완에 그치게 되었지만, 그때 열어놓은 사모펀드 시장만은 지금까지 승승장구했다.

실제 서구 선진국의 전유물로 여겨진 사모펀드 제도가 도입되자 국내에서도 하나둘씩 전문 운용사가 등장하기 시작했다. MBK파트너스, IMM인베스트먼트 등이 그때 탄생한 운용사다. 제도를 도입한 이듬해인 2005년 국내 사모펀드 등록 수는 15개, 출자 약정액은 4.7조에 불과했다. 그러나 역사는 짧아도 성장 속도는 가팔랐다. 2009년, 서브프라임 모기지 이후 세계 금융위기와 계속된 저금리 기조로 대체투자 분야가 주목받으면서 사모펀드는 성장에 날개를 달았다. 도입된 지 10년 만에 출자 약정액이 50조 원을 넘어섰으며 2021년 1분기에는 100조 4888억 원까지 불어났다. 사모펀드 등록 수도 2005년 15곳에서 2021년 1분기에는 889곳으로 증가했다.

사모펀드 시장이 급속히 팽창하게 되면서 일반 대중에게도 더 이상 남의 일이 아니게 되었다. 사모펀드는 우리가 모르는 사이 알게 모르게 우리 일상 깊은 곳에 뿌리내리고 있다. 사람들이 즐겨 이용하는 곳들을 한번 살펴보자. 매일 장을 보는 홈플러스, 그곳에서 결제 수단으로 사용하는 롯데카드, 패스트푸드점 버거킹, 맘스터치와 패밀리레스토랑 아웃백, 커피 전문점 투썸플레이스는 모두 사모펀드가 인수한 곳이다. 이미 우리 삶에서 떼려야 뗄 수 없는 관계인 것이다.

다만 사모펀드는 100인 이내의 투자자를 대상으로 투자금을 모으는 만큼, 대중들이 접근하기 쉽지 않은 것이 사실이다. 정보 공개의 의무가 적고 언론의 관심도 상대적으로 낮아 정보 비대칭성이 크다. 또한, 금융시장이 발달한 해외 선진국과 달리 국내에서는 사모펀드 제도가 도입된 지 만 17년밖에 되지 않았다.

그러나 이제부터는 관심을 가지고 바라봐야 할 시기다. 사모펀드는 이미 자산 기준으로 삼성, 현대자동차, SK, LG, 롯데 등 5개 대기업을 제외하고 가장 크다. 경영권 인수합병^{M&A}에서는 현금 100조 원을 지닌 삼성전자 다음으로 '큰손'이다.

제도적인 측면에서도 성숙기에 접어들었다. 통상 사모펀드의 투자 만기는 5년에서 10년 사이다. 초창기 투자금이 대다수 회수되면서, 투자→관리→회수라는 사모펀드 투자의 한 사이클을 끝냈다. 제도 도입의 실험적 단계는 사실상 끝난 것이다.

M&A 시장의 주역, 사모펀드 ─────

국내 M&A 시장은 사모펀드를 빼놓고 설명할 수 없다. 최근 대형 M&A에는 인수 후보로 사모펀드가 빠지지 않고 있으며 최종 인수자 명단에서도 심심치 않게 보인다. 2017년 이후부터는 시장의 주도권이 사모펀드로 넘어왔다. 자본시장 전문 매체인 『더벨』 리그테이블에 따르면 2017년 사모펀드 거래금액은 전체 대비 37%에 달했다. 이듬해에는 거래금액 기준으로 50%를 돌파했다. 2018

년 SK하이닉스-베인캐피탈 컨소시엄의 도시바 메모리사업부 인수(19조 8300억 원), SK텔레콤-맥쿼리 컨소시엄의 ADT캡스 인수(2조 9700억 원), KKR의 LS오토모티브 동박·박막 소재사업 인수거래(1조 500억 원) 등이 대표적인 사례다.

2020년에도 그 흐름은 크게 달라지지 않았다. 한앤컴퍼니는 대한항공의 기내식 사업부(9900억)와 SK케미칼 바이오에너지 사업부(3825억 원)를 인수한다. KKR은 앵커에쿼티파트너스로부터 의료폐기물 업체 ESG를 8750억 원에 인수했고, IMM PE는 한국콜마 제약 사업 부문·콜마파마를 약 4500억 원에 사들였다.

2021년에는 센트로이드인베스트먼트가 세계 3대 골프용품 브랜드 테일러메이드를 약 1조 9000원에 인수했다. 조 단위 규모의 크로스보더 딜(국경 간 거래)을 설립 6년 차인 PEF가 성사시키면서 업계의 주목을 받았다. 그 외 MBK파트너스의 BHC 재투자(1조 5550억 원), 어피너티에쿼티파트너스의 온라인 채용 플랫폼 잡코리아 인수(9000억 원), 맥쿼리인프라의 해양에너지서라벌가스 인수(8000억 원), KKR의 현대글로벌서비스 소수지분 투자(6460억 원), VIG파트너스의 뷰티 스타트업 쿤달(회사명 더스킨팩토리) 인수(2000억 원), 제이앤PE의 현대오일뱅크 유류 터미널 인수(1800억 원) 등이 있다. 이렇게 매년 사모펀드 시장이 커지면서 국내 M&A 시장에서의 영향력도 점차 증가하고 있다.

사모펀드는 직접 인수하는 것 외에도 대기업의 투자 파트너 역할을 한다. KCC의 미국 모멘티브 인수, SK그룹의 매그나칩반도체 파운드리 사업부 인수, CJ제일제당의 미국 슈완스 인수 등에서 사모펀드가 재무적투자자[FI]로 참여했다. 기업의 투자 부담과 손실 부담을 줄이고 수익은 나누는 동반자 역할을 하는 셈이다. 어느새 사모펀드를 모르고서는 국내 M&A 시장과 산업 흐름을 이해할 수 없는 시대에 진입했다.

2

한국 자본시장 패러다임의 변화

산업자본을 상징하는 대기업은 대규모 차입을 통해 경영권 인수합병$^{M\&A}$ 시장의 주역으로 급부상했다. 고도성장이 지속되면서 실패 대신 자신감이 팽배했던 시기였다. 재벌 오너들은 그간의 성공 방정식에 취해 공격적인 확장 전략을 구사했다. 대우그룹은 그중에서도 선두주자였다. 김우중 전 대우그룹 회장은 '세계경영'을 주창하며 M&A 시장에 적극적으로 뛰어들었다. '세계는 넓고 할 일은 많다'는 정신으로 41개 계열사와 600여 개의 해외법인·지사망을 확보, 삼성을 제치고 재계 순위 2위에 오르기도 했다. 그러나 1997년 국제통화기금^{IMF} 외환위기를 맞으면서 산업자본의 M&A 시대는 빠르게 막을 내리게 되었다.

IMF는 금융자본의 시대로 이행하는 대전환의 시기로 기록된다. 그러나 국내 금융시장은 이런 변화를 감당할 준비가 되어있지 않았다. IMF 위기는 한국경제의 구조적 문제가 아닌 유동성 위기에서 비롯됐다. 기초체력은 튼튼했지만 해외차입 조절 등 거시경제 전략이 실패한데다 국내에서 유동성을 공급해줄 금융 플레이어가 존재하지 않게 되면서 집단 위기로 번졌다. 국가부도의 날로 기록된 1997년 10월은 산업자본에 기댄 성장전략이 더 이상 유효하지 않다는 것을 여실히 보여줬다.

환율이 치솟고 금리가 끝을 모르고 오르면서 많은 기업이 도산했다. 노동자들은 대량해고 사태를 겪어야 했으며 내수 침체 여파로 자영업자들은 결국 셔터를 내려야 했다. 국내에는 우량한 기업들이 싼값에 대거 매물로 출회했다. 이를 눈여겨본 외국계 사모펀드들은 일제히 환호성을 지르며 한국 시장에 상륙해 사재기에 몰두했다. 후에 먹튀 논란을 일으킨 론스타의 외환은행 인수도 이런 맥락에서 이뤄졌다.

국내 금융사는 외환위기의 직격탄을 맞아 이런 투자에 나설 여력이 없었다. 오히려 구조조정 대상으로 떠올라 막대한 공적자금 투입과 해외 사모펀드에 매각되는 신세가 됐다. 다만 언제까지 손 놓고 있을 수는 없었다. 대출이라는 소극적 투자에서 벗어나 지분 인수라는 위험 자산 투자로 점차 보폭을 넓혔다. 기업구조조정전문회사^{CRC}를 세워 부실기업 투자를 시작했으며 2004년 이후에는 사모펀드의 투자자$^{LP, Limited Partner}$로 나섰다. 우리은행의 경우 2005년 직접 우리프라이빗에쿼티(우리PE)를 설립해 운용사$^{GP, General Partner}$로 나서기도 했다.

M&A 시장이 금융시장으로 넘어오는 데는 IMF 위기와 함께 국내 산업 환경의 변화가 맞물려 있다. 한강의 기적을 넘어온 1세대, 2세대 중소·중견 경영진은 승계 이슈에 직면했다. 재벌 대기업도 상황은 크게 다르지 않았다. 막대한 상속세를 내기 위해 비핵심 계열사를 매각하는 일이 심심치 않게 벌어졌다. 이런 기업들을 인수할 만한 자금력을 지닌 곳은 얼마 없다. IMF 위기의 학습효과로 기업들 사이에서 유동성 확보와 부채 비율 관리가 재무 영역의 핵심 과제로 떠오른 영향도 컸다. 결국 경영 참여를 목적으로 한 사모펀드의 역할이 커지게 됐다.

PEF에 몰리는 자금 ───────

저금리 시대가 장기화되면서 대체투자의 수요가 증가한 것도 금융자본의 등장에 큰 역할을 했다. 연기금, 공제회, 금융사들이 기존 채권, 대출 시장만으로는 목표수익률 달성이 어려워지면서 대체투자에 대한 요구가 높아졌다.

우리나라에 사모펀드 제도가 도입될 당시 사회를 관통한 화두 중 하나는 연금 개혁 이슈였다. 저출산율로 '아기 울음이 멈춘 나라'가 본격화되면서 인구의 역피라미드 구조가 사회적 문제로 부각됐다. 노태우 정부 시절인 1988년 도입된 국민연금 제도는 2000년대에 들어 기금 불안정에 대한 의문이 지속해서 제기됐다.

해결책을 내놓으려는 정부는 2007년 국민연금 소득대체율을 60%에서 50%로 낮추는 대신 1997년부터 이어져 온 보험료 9%를 2030년까지 15.88%로 올리는 안을 제시했다. 유시민 당시 보건복지부 장관은 정부안을 수정해 보험료를 13%로 줄이는 대신 급여율을 40%로 더 내리는 안을 내놨다. 공무원연금 개혁도 비슷한 시기에 논의됐다. 다만 민심의 역린을 건드리면서 개혁안은 다소 후퇴한 채 개정됐다.

개혁이 지연되자 연기금의 고갈 위험성은 더 커졌다. 자연스레 고수익이 보장된 대체투자 쪽으로 눈길을 돌리게 됐다. 국민연금의 대체투자 규모는 2006년 2조 1000억 원에서 2009년 12조 5000억 원으로 대폭 증가했다. 이 중에서도 사모펀드 투자 규모는 2009년 2조 2780억 원까지 커졌다. 공무원연금, 사학연금 등 연기금과 교직원공제회, 행정공제회, 과학기술인공제회 등 공제회도 모두 사모펀드 투자에 나섰다.

2009년 세계금융위기 이후 지속된 저금리는 사모펀드 시장에 유동성 공급을 더욱 늘렸다. 주요 은행뿐만 아니라 새마을금고, 농협, 신협 등 상호금융, 생명보험·손해보험 등 보험사, 캐피탈·저축은행 등도 일제히 이 시장에 투자를 늘렸다. 사모펀드 시장이 단시간 내에 100조 원이 넘는 자금을 확보할 수 있었던 이유다. 앞으로는 그 규모가 더 늘어날 것이다. 2020년 국민연금의 대체투자 집행 규모는 약 90조 원으로 전체 비중의 약 11%를 차지한다. 2024년까지 전략적으로 대체투자 비중을 15%까지 늘릴 계획이다. LP에서 큰 비중을 차지하는 국민연금이 대체투자를 늘리기로 한 만큼 국내 대다수 기관도 그 비중을 대폭 늘리게 될 것이다.

3

금융위기에서 배우는 교훈

소주는 국민의 애환을 달래주는 한국 고유의 술이다. 그리고 소주를 대표하는 브랜드는 단연 진로다. 1924년 평양 용강군에 설립된 진천양조상회를 모태로 한 진로는 1970년대 국내 소주 시장 1위에 오른 이후 시장을 석권해왔다. 1998년에는 신제품 참이슬을 출시하며 '국민 소주' 자리를 지금껏 유지하고 있다.

이런 우량 회사도 IMF의 광풍을 피하지 못했다. 진로그룹은 문어발식 확장 전략에 합류하며 1996년 계열사를 24곳까지 늘렸다. 문제는 본업과 무관한 건설업까지 무리하게 진출한 게 화를 불러왔다는 점이다. 참이슬이 불티나게 팔렸지만 그룹 차원의 막대한 부채로 진로는 2003년 기업회생절차(법정관리)에 들어갔으며 계열사는 분할 매각돼 공중분해가 되었다.

진로가 외환위기 광풍에 쓰러지는 동안 외국계 금융사는 함박웃음을 지었다. 우량 회사의 부실채권^{NPL}이 싼값에 거래되고 있었기 때문이다. NPL은 흔히 3개월 이상 원금이나 이자가 연체된 대출로 회수 가능성이 현저히 낮다고 판단한다. 진로의 NPL은 채권 원금 기준으로 5% 수준까지 곤두박질쳤다. 골드만삭스 등 외국계 투자은행^{IB}들은 이 기회를 놓치지 않고 1998년부터 2002년까지 5년 동안 한국자산관리공사(캠코)로부터 사실상 휴지 조각이 된 진로 부실채권을 조용히 끌어모았다. 그리고 이 기간에 진로의 부실채권 1조 4659억 원을 2742억 원에 인수했다. 원래 가격의 19% 수준에 알짜 기업을 손에 넣은 것이다.

국내 첫 부실채권 매각은 외국계 금융사에 막대한 부를 가져다줬다. 2005년 매각이 진행된 진로는 롯데, 두산, CJ를 비롯해 동원, 오리엔탈, 하이트맥주, 대한전선, 태광산업, 대상, CVC 등 10곳이 인수 전쟁에 뛰어들었다. 치열한 경쟁 끝에 하이트맥주가 당시 국내 M&A 최고가인 3조 4000억 원에 인수했다. 외국계 금융사들은 최대 20배의 막대한 차익을 거두며 잭폿의 추억을 남겼다.

IMF, 천문학적인 수익을 올린 외국계 금융사 ────────

이런 사례는 진로 외에도 셀 수 없이 많다. 유동성이 부족한 국내 자본이 생존의 몸부림을 칠 때 외국계 금융사는 풍부한 '실탄'을 바탕으로 알짜 기업을 저가에 인수해 조 단위 수익을 남겼다. 미국계 PEF 칼라일그룹은 2004년 한미은행 지분을 씨티그룹에 팔아 7000억 원의 차익을 얻었다. 칼라일은 지난 2000년 11월 한미은행 지분 37%를 4900억 원에 인수했다. 이후 370억 원의 배당을 받은 뒤 1조 1500억 원에 팔아 3년 만에 1.5배에 달하는 수익을 남겼다.

미국계 PEF인 뉴브리지캐피탈도 마찬가지다. 뉴브리지캐피탈은 2000년 1월 제일은행 지분 51%를 5000억 원에 인수했다. 5년 후인 2005년 영국계 스탠다드차타드은행^{SCB}에 1조 6500억에 매각하며 5년 만에 1조 1500억 원을 벌었다.

화룡점정은 론스타의 외환은행 투자다. 론스타는 2003년 외환은행을 1조 3833억 원에 인수했다가 2012년 하나금융지주에 되팔아 4조 7000억 원의 천문학적인 이익을 챙겼다. 론스타가 마련한 외환은행 인수자금은 대부분 채권 발행과 인수금융을 활용해 실제 자기 자금은 1704억 원에 불과하다. 투자 10년 만에 자기 자금의 23배 넘는 수익을 올리는 전설을 남겼다.

그런데 연금술과 같은 수익을 올리면서도 세금은 거의 납부하지 않자 먹튀 논란이 불거졌다. 다만 이 수익금은 모두 탐욕스러운 소수 금융가의 주머니로 흘러 들어가지 않았다. 론스타의 투자자^{LP}는 캘리포니아공무원퇴직연금공단^{CalPERS}(캘퍼스)과 하버드대학의 운용펀드 등으로 알려졌다. 국부가 대다수 미국 국민의 노후생활과 대학 기금으로 고스란히 흘러 들어간 것이다.

금융사뿐 아니다. SK브로드밴드의 전신인 하나로텔레콤을 비롯해 극동건설, STX중공업, 하이닉스 비메모리사업부(현 매그나칩반도체), 하이마트, 위니아만도 등 이름만 들어도 알 수 있는 수많은 국내 기업들이 외국계 사모펀드에 매각되었다.

소는 잃어도 외양간은 고쳐야 한다

정부는 IMF 위기 과정에서 구조조정 기업들이 쏟아져 나오자 1999년 기업구조조정전문조합^{CRC, Corporate Restructuring Company} 제도를 도입한다. 구조조정을 신속하게 진행하고자 민간이 참여할 수 있는 길을 터 준 것이다. 많은 기업들이 외국계 투자자들에게 속절없이 넘어가는 부작용을 최소화하려는 목적도 존재했다. '소 잃고 외양간 고친다'라는 비판이 있었지만 빠르게 제도를 정비하며 민간 M&A 시장의 마중물 역할을 했다.

CRC는 주로 부실기업의 인수와 매각, 채권 매입, 회사 정리 절차 등의 구조조정 업무를 담당했다. 2001년 설립된 IMM파트너스(현 IMM인베스트먼트) 등이 대표적인 곳이다. 도입 첫해인 1999년 말 16개이던 CRC는 2002년 100개가 넘으며 외국계 IB가 주도하는 민간 구조조정의 대항마로 떠올랐지만 곧 한계에 직면했다. 경기는 회복하는 데 비해 투자 범위가 구조조정 기업으로 국한돼 존재

의미가 약화되고 있었던 탓이다. 결국 2009년 근거법의 일몰로 현재는 자취를 감췄다.

대신 노무현 정부의 등장 이후 '금융허브론'이 주목받으며 새로운 민간 시장이 열렸다. 노무현 대통령은 2003년 12월 '동북아 금융허브 추진 로드맵'을 발표했다. 당시 노 대통령은 '숲을 기르면 호랑이는 저절로 오게 돼 있다'고 자신감을 내비쳤다. 이 연장선상에서 2004년 간접투자자산 운용업법 개정으로 사모펀드 제도가 도입됐다.

금융허브의 꿈은 이루지 못했지만 그때 열어놓은 작은 물꼬가 17년 후 한국경제를 좌지우지하는 호랑이가 됐다. 현재 경영참여형 사모펀드는 국내 M&A 시장의 40~50%를 담당하고 있으며, 앞으로 그 비중은 더 커질 전망이다.

글로벌 시장을 움직이는 사모펀드

금융의 역사는 깊다. 일찍이 생산에 직접 참여하지 않고, 돈을 융통해주는 조건으로 일정 이윤을 얻는 고전적 금융은 널리 퍼져있었다. 동서양을 막론하고 '고리대'를 통해 부를 축적하는 이들이 생겨났다. 셰익스피어의 희곡 〈베니스의 상인〉에 등장하는 고리대 금업자 샤일록이 대표적인 경우다. 국내에서도 마찬가지다. 삼국시대 장리長利 제도는 곡식을 춘궁기에 빌려주고 추수철에 받는데, 금리가 66%에 달했다. 당시에는 화폐가 없어 곡식을 빌려줬지만 원리는 같다. 다만 금융은 사회의 부수적 역할을 담당하는 데 그쳤다. 경제를 움직이는 것은 자본주의 이전에는 토지, 이후에는 생산시설을 가진 산업자본이었다.

　금융자본주의는 금융이 경제 메커니즘의 부수적 역할에 그치지 않고 모든 걸 주도하는 세상이 도래했다는 것을 뜻한다. 고리대와 같은 원시적 금융과는 결을 달리한다. 산업도 규모가 커지면서 금융 없이는 성장이 어렵게 됐다. 그리고 그 중심엔 2차 세계대전 이후 태동한 사모펀드가 있다.

세상을 바꾸는 신호탄

전쟁은 파괴적인 행위다. 총탄이 오간 곳에선 수많은 사상자가 발생하고 도심은 폐허가 된다. 2차 세계대전은 전쟁의 범위를 세계 전역으로 확장했다. 세계 곳곳이 파괴되고 각국 경제는 극심한 침체에 빠졌다. 다만 전후에는 재생적 기능이 강화됐다. 무너진 건물을 일으키고 사회를 복구하는 데 모든 자원이 소요되었다. 국가 단위를 넘어 세계적인 구상도 곧장 실행에 옮겨졌다. 미국 주도로 설립된 세계은행[IBRD]이 실시한 유럽의 전후 복구 계획 마셜플랜이 대표적인 예시다.

이 시기 전후 복구는 대다수 공적 영역에서 이뤄졌지만 민간 영역에서도 서서히 발흥하기 시작했다. 새로운 기회를 잡기 위해 기업인들이 한창 기업가 정신을 발휘하던 시기다. 전후 복구와 새로운 투자에 막대한 자금이 필요하게 되자 민간자본이 다양한 형태로 형성됐다. 사모펀드의 창시자로 일컬어지는 조지 도리엇은 1946년 ARDC라는 벤처캐피탈을 설립하며 투자 영역의 새로운

장을 열었다. 하버드 경영대학장을 지낸 도리엇은 MIT 총장을 지낸 칼 콤프턴, 버몬트주 상원의원인 랄프 플랜더스와 함께 민간자금을 모았다. 명문가의 지원이 아닌 일반 투자자^{LP}에게 자금을 유치한 후 귀향 군인들이 창업한 사업에 투자하는 민간 자금줄 역할을 했다.

미국 컴퓨터 기업인 디지털 이큅먼트^{DEC} 투자 성공은 사모펀드의 확장에 큰 역할을 했다. 컴퓨터 산업 개척자로 불린 켄 올슨이 1957년 설립한 디지털 이큅먼트는 미니컴퓨터를 선보이며 중소기업의 사무자동화를 선도했으며 프로그램언어, 운영체제^{OS}, 네트워킹 체제, 응용 소프트웨어 등 현대 컴퓨터 산업의 근간이 되는 모델 제품을 선보였다. ARDC는 디지털 이큅먼트 설립 당시 지분 70%를 고작 7만 달러에 인수했다. 미니컴퓨터가 대성공을 거두자 1968년 디지털 이큅먼트의 기업공개^{IPO}로 투자액의 500배인 3억 5500만 달러를 회수했다. 11년 동안 연 100%의 수익률을 달성했다.

ARDC와 같은 해에 설립된 J. H. Whitney도 미국 최초의 사모펀드 운용사 중 한 곳이다. 2차 대전 당시 장교로 참전한 존 휘트니와 베노 슈미트가 공동으로 설립했다. 이들은 전쟁이 끝난 직후 은행에서 돈을 빌리지 못하는 사업가들을 지원하기 위해 1000만 달러 규모의 사모펀드를 조성한다. 현재 널리 쓰이는 벤처캐피탈이라는 용어는 슈미트가 만든 것으로 유명하다. 음료수 회사 미닛

메이드 등 400개가 넘는 업체에 투자했으며 현재도 10억 달러의
자금을 운용하고 있다.

사모펀드의 등장은 훗날 자본시장의 큰 파고를 만드는 시발점
이 됐다. 민간 운용사들의 수익률이 기대 이상의 성과를 보이자 연
기금, 공제회, 민간 금융의 자금들이 점차 몰렸기 때문이다. 성장
하는 시장을 미리 알아본 유능한 월가 인재들도 속속 사모펀드 시
장에 합류했다. 콜버그크래비스로버츠^{KKR}를 세운 헨리 크래비스
등이 대표적이다. 이들은 1990년대 이후 자본시장의 큰손으로 떠
오르며 바이아웃 시장을 휩쓸게 된다.

시장에서 사모펀드의 존재감 ————

하버드대학교 경영대학원 마이클 젠슨^{Michael Jensen} 교수는 1989년,
사모펀드가 궁극에는 지배적 조직 형태가 될 것이라고 주장했다.
높은 인센티브를 부여하는 소유구조와 기업가치를 극대화하기 위
한 효율적인 자원 배분 등의 강점이 있다고 분석했다. 물론 투자
실패 사례들이 존재하기에 이를 일반화하기 어렵지만, 이런 주장
만으로도 시장의 신뢰가 얼마나 높았는지 여실히 보여준다.

글로벌 M&A 시장에서 큰손이 된 PEF는 '수익률'로 경쟁력을
입증했다. 글로벌 로펌 와첼, 립턴, 로젠앤카츠^{Wachtell, Lipton, Rosen & Katz}
에 따르면 2019년 3월 기준 지난 25년간 사모펀드는 연평균 수익

률은 13%에 달한다. 같은 기간 S&P500지수의 연평균 상승률은 9%에 불과했다.

숫자의 힘은 강력했다. 각국 기관 투자자들의 뭉칫돈이 PEF 시장에 몰렸다. 북미와 유럽 PEF의 연간 펀드레이징(자금조성)은 매년 성장세를 보였다. 피치북에 따르면 2018년 11월 중순 누적 3400억 달러를 조달해 2010년 대비 3배 이상 증가했다.

자금이 몰리면서 세계 M&A 시장에서 PEF의 위상도 변하고 있다. 21세기 초입까지 조연에 그쳤던 PEF는 최근 5년간 전체 거래의 15%~20%를 담당하며 주연으로 발돋움했다. 2020년 상반기에는 전체 9015억 달러 중 2104억 달러를 투자해 23.3%로 비중이 확대됐다. 2020년 상반기 글로벌 최대 M&A이었던 티센크루프 엘리베이터 사업 부문(188억 달러)을 비롯해 중국 IT업체 58.COM(60억 달러) 등이 PEF에 인수됐다.

경영권 인수 거래 외에도 기업의 자금조달의 주요 창구로 거듭났다. BCG 조사에 따르면 2018년 독일 기업의 자금 재조달에서 PEF가 개입한 사례의 비율은 44%로 3년 전에 비해 14%포인트 높아졌다.

외부 충격으로 시장이 크게 위축될 때는 '거래절벽'을 막는 소방수 역할을 한다. 유통기한이 있는 미소진 물량(드라이 파우더) 때문이다. 통상 펀드에 출자하는 LP는 투자 시한을 정해 놓는다. PEF는 매년 미소진 물량이 늘어나면서 투자 여력은 커진 상태다. 2020

년 상반기, 코로나19로 위축된 시장에서도 시장에 자금을 공급하는 단비 역할을 했다. 이제 PEF가 없는 자본시장은 떠올리기 어렵게 되었다.

KKR과 블랙스톤의 신화

사모펀드는 대체투자의 한 종류다. 전통적인 투자자산인 주식과 채권은 일찍부터 투자의 대상으로 여겨져 왔지만, 시장경제가 성숙기에 접어들면서 다른 투자처가 점차 주목을 받기 시작했다. 대체투자는 PEF를 비롯해 부동산, 인프라, 헤지펀드, 사모펀드 대출, 원자재, 항공기 등이 있는데, 최근에는 음원 펀드와 같은 지적재산권^{IP}까지 투자의 대상으로 분류된다.

2009년 글로벌 금융위기 이후 저금리 기조가 고착되면서 대체투자는 투자 규모가 급격히 증가하고 있다. 대체투자 전문 시장조사 업체인 프레퀸에 따르면 글로벌 대체투자 시장은 2019년 6월 말 기준 약 10조 달러로 20년 만에 10배가량 커졌다고 한다. 같은 기간 코스피 시장(1400조 원)보다 8.35배나 큰 규모다.

대체투자 자산 중에서도 사모펀드^{PEF} 시장의 성장이 가장 높았다. 2009년 1580억 달러에서 2019년 6월 4105억 달러로 껑충 뛰었다. 전체 대체투자 자산의 40%가 PEF 시장으로 쏠렸다. 이런 놀라운 성장은 공적 연기금, 국부펀드, 보험사, 사적연금 등 국민의 노후를 보장하는 곳들이 앞다투어 투자금을 제공했기 때문이다.

PEF의 대중화를 이끈 KKR

PEF의 도약과 대중화를 이끈 곳은 미국 PEF인 콜버그크래비스로버츠^{KKR}다. KKR은 30살 나이에 투자은행 베어스턴스의 매니저가 된 헨리 크래비스가 상사였던 제롬 콜버그와 그의 사촌인 조지 로버츠와 함께 설립한 하우스다. KKR은 이들 공동창업자 세 사람의 이름을 딴 것이다. 이 시기는 월스트리트의 유능한 IB 인력들이 사모펀드 시장의 가능성을 알아보고 PEF 시장에 점차 넘어오던 때였다.

제롬 콜버그는 베어스턴스에서 근무할 당시인 1964년 71살의 치과 용품업체 사장을 만났다. 회사를 정리해 현금을 마련하는 가업 승계형 매각을 고민하자 차입매수^{LBO} 방식으로 950만 달러에 인수했다. 투자자들을 통해 150만 달러를 모으고 나머지 800만 달러는 대출로 조달했다. 창업자가 매각 후에도 경영을 맡아 빚을 갚아나가기로 했다. 이 거래를 통해 콜버그는 4년 만에 8배의 수익을 올렸다. 이후에도 이런 방식으로 수익을 올렸지만 베어스턴스는 탐탁지 않아 했다. LBO 방식의 투자는 원금 회수까지 4~5년이 걸려 투자은행이 추구하는 단기성과를 내는 데 적합하지 않았기 때문이다. 제롬 콜버그가 베어스턴스를 나와 PEF를 설립한 이유다.

제롬 콜버그는 차입매수^{LBO}라는 투자 전략을 쓰면서 PEF 시장의 스타로 떠올랐다. 그는 빚을 내 기업을 인수한 뒤 통상 5~7년 후 재매각하는 방식을 고수했다. 인수자금의 80~90%를 차입하는 만큼 리스크가 높았지만 성공하면 막대한 수익률을 안겨줬다. 앞서 살펴봤듯이 LBO는 통상 M&A 대상 기업의 주식을 담보로 자금을 조달한 뒤 회사 자산을 팔아 이를 갚는 경우가 많다. 빚을 내 회사를 삼킨 데다 단기간에 성과를 내야 하는 만큼 부채 축소와 기업가치 제고 과정에서 강도 높은 구조조정을 실시해 거센 비난을 받기도 했다. 하지만 투자자에게는 연 평균 수익률 20%를 안겨줬다.

1980년대에는 LBO를 활용하기 좋은 환경이 조성되면서 KKR의 진가가 발휘된다. 부실채권 여러 개를 묶은 후 이를 쪼개 리스크를 줄인 정크본드 바람이 불었다. 2008년 서브프라임 모기지 위기를 불러온 파생상품의 초기 모델이다. 빚으로 기업을 인수한 후 정크본드로 재포장하는 방법으로 투자금을 손쉽게 모을 수 있었다.

이런 자금력을 기반으로 KKR은 LBO를 통해 세계 M&A 시장에 굵직한 이름을 남겼다. 1980년대에만 세계 최대 식품 유통업체인 세이프웨이스토어즈(1986년)를 비롯해 배터리업체 듀라셀(1988), 세계적인 음식료업체 RJR나비스코(1989)를 연달아 인수했다. 거대 투자가 이어지면서도 높은 실적을 내자 KKR은 '자본주의 정비공장'으로 크래비스는 '기업 인수^{buyout}의 왕'으로 불렸다.

다만 악명도 높아졌다. 월스트리트 저널 기자 출신 저자들은 KKR의 RJR나비스코 인수 과정을 두고 '문 앞의 야만인들'로 평가했다. 당시 최대 규모의 M&A인 RJR나비스코 인수전이 탐욕에 물들었으며 이 거래에 참여한 모든 이들을 야만인이라고 정의했다.

숫자는 이런 오명도 이겨내는 힘이 됐다. 높은 수익률이 보장되자 글로벌 기관들이 뭉칫돈을 KKR에 투자한 덕분이다. KKR은 세계 최대의 병원 체인업체인 HCA를 330억 달러에 인수한 데 이어 2007년 골드만삭스 등과 함께 미국 최대 전력회사 중 하나인 TXU를 443억 달러에 인수하며 사상 최대 LBO 기록을 갈아치웠다.

한국 시장에서는 2009년에 OB맥주 인수로 주목받았다. OB맥주를 18억 달러에 샀던 KKR은 4년 만에 AB인베브에 58억 달러에 되팔면서 한화로 약 4조 원 넘는 수익을 챙길 수 있었다.

글로벌 사모펀드의 스타플레이어, 블랙스톤

1980년대에는 또 다른 스타플레이어가 PEF 시장에 등장한다. 리먼 브러더스의 스타 운용인력이었던 스티븐 슈워츠먼이 블랙스톤을 창업한 것이다. 리먼 브러더스 재직 당시 31세에 이사 자리에 오르는 등 두각을 나타낸 그는 1984년 회사가 아메리칸익스프레스에 팔리자 사직서를 제출했다. 그리고 곧장 사모펀드 시장으로 향했다.

블랙스톤은 LBO 방식의 바이아웃 투자뿐 아니라 부동산과 헤지펀드, 크레디트에도 투자하는 다변화 전략으로 승부를 걸었다. PEF의 투자 다변화 전략은 큰 성과를 보였다. 리스크를 낮추면서도 높은 수익을 보인 것이다. 2010년 사업보고서에서 밝힌 창립 후 26년간 연평균 수익률은 25%에 달한다.

수익이 증명되자 투자자들은 블랙스톤에 투자하기 위해 돈 보따리를 가져오기 일쑤였다. 후발주자인 블랙스톤은 2000년대 들어 KKR을 제치고 세계 운용자산^{AUM}으로 세계 최고로 우뚝 섰다. 2021년 1분기에는 6488억 달러를 운용하고 있다. 과거 블랙스톤이 운용한 펀드들의 투자수익률^{IRR}이 연평균 20%에 달하는 실적이 이런 결과를 가져왔다. 블랙스톤은 2019년 국내 최대 의약품 유통업체 지오영 지분 전량을 약 1조 1000억 원에 인수하며 국내 시장에서도 활발히 활동하고 있다.

1987년 세워진 칼라일은 다양한 분야에 투자하며 세계 빅3 운용사로 성장했다. 초창기에는 미 정계 인맥을 통해 방위·군수 분야에 투자했지만 에너지·발전, 부동산, 테크놀로지, 리테일, 통신, 운송, 항공우주 등 다양한 분야로 투자 범위를 확대하며 운용자산을 늘렸다.

칼라일은 한국과 인연이 깊다. 일단 외환위기 이후 한미은행을 인수해 8000억 원의 이익을 챙긴 것으로 유명하다. 국내 PEF 1세대를 이끈 김병주 MBK파트너스 대표는 칼라일 아시아 대표를 역임하기도 했다.

이들 글로벌 PE는 2019년 6월 기준 1475억 달러의 미소진 물량(드라이 파우더)을 보유하고 있어 앞으로도 세계 바이아웃 시장에서 위세를 떨칠 것이다.

6

전환의 시대, 기업의 생존법 M&A

코로나19 확산으로 세상이 변했다. 언택트(비대면) 산업이 비약적으로 성장했지만, 항공업·여행업을 비롯해 사람이 모여 소비하는 영화관, 요식업 등의 소비 시장은 극심한 침체를 겪었다. 코로나 쇼크는 즉각적이면서도 충격적으로 다가와 그 변화를 체감하는 정도가 매우 컸다. 자본시장의 역동적 변화가 이를 잘 보여준다. 2020년 3월, 코로나19 여파로 1400선까지 추락했던 코스피는 2021년 상반기 3300선을 돌파했다. 실물 경제는 타격을 받았지만 넘치는 유동성과 4차 산업으로 분류되는 기업들이 빠르게 성장한 덕분이다.

눈여겨봐야 할 점은 코로나19 확산은 시간의 태엽을 한층 빠르게 돌렸다는 것이다. 정보화 혁명에서 4차 산업혁명으로의 '전환의 시대'가 예상보다 이르게 찾아왔다. 'ABC(인공지능·빅데이터·클라우드)'로 대표되는 4차 산업혁명의 쓰나미는 눈앞에 다가왔다. 먼 훗날의 일로 생각된 줌^{ZOOM}을 통한 화상회의, 학생들의 원격교육이 일상이 됐다. 관련 산업의 성장도 눈부시다. 코로나19를 대비해 전 세계 국가들이 유동성을 대폭 풀면서 시장의 돈이 ABC를 비롯해 전기·수소차 등에 몰렸다. 미국 전기차 기업인 테슬라 주가는 하늘 높은 줄 모르고 치솟고 있다.

4차 산업혁명과 글로벌 기업의 M&A

세상이 빠르게 변하자 기업들은 M&A로 체질을 바꾸고자 부지런히 움직였다. 미국 구글은 차세대 사업 핵심역량 확보를 위해 지난 2015년 지주사 알파벳을 설립했다. M&A를 주 성장전략으로 세우고 지난 20년간 237건의 M&A를 진행했다. 2006년 안드로이드 인수로 독자 OS 생태계를 구축했으며 2006년 유튜브를 인수해 동영상 플랫폼을 선점하게 되었다.

2014년에는 알파고를 개발한 딥마인드를 인수해 인공지능^{AI}과 사물인터넷^{IoT} 개발 역량을 확대했다. 중국의 IT 대표기업인 텐센트와 알리바바도 공격적인 M&A 전략을 구사했다. 지난 10년간 (2008~2019.2) M&A 및 지분 투자 건수는 텐센트가 713건, 알리바바가 502건에 달한다.

M&A 전략은 IT 기업만의 전유물이 아니다. 전통 제조업 기업도 4차 산업혁명을 맞아 변화를 준비하고 있다. 1847년 설립된 독일 지멘스는 전신, 전기 분야의 선두주자다. 1990년대 이후 주력 제조 부문의 수익성이 악화되자 전통 제조업 위기를 돌파하기 위해 M&A에 나선다. M&A 등을 통해 전통 산업에 IT 시스템을 결합해 공장 생산시설을 네트워크화하고 지능형 생산 시스템을 갖춘 스마트공장으로 나아갔다. 독일 정부의 제조업 성장 전략인 '인더스트리 4.0'을 주도하고자 빅데이터 분석 기술을 적용해 공정 불량률을 큰 폭으로 줄이는 성과를 냈다. 하드웨어와 소프트웨어 통합 솔루션을 지닌 기업으로 거듭났다.

지멘스는 여기에 그치지 않았다. 사업 포트폴리오 재편과 구조조정을 통해 미래 산업 기업으로 탈바꿈한다. 우선 전통 사업이라고 할 수 있는 휴대전화 사업 부문을 매각하는 등 과감한 사업 구조조정을 시행했다.

이후 발전·반도체·의료기기 등 신사업 구축에 나섰다. 2017년 산업용 소프트웨어 회사 멘토그래픽스를 5조 3000억 원에 인수했으며 2019년에는 항공 통신 정보 분석 솔루션 업체인 '사브메다프테크놀로지스'를 인수해 디지털 사업 부문을 강화해 나가고 있다. 또 다른 미래 산업인 헬스케어에도 과감한 투자를 늘려가고 있다. 2020년에는 20조 원을 베팅하며 미국 의료 장비업체 베리언메디컬시스템스를 품었다. 이 회사는 방사선 종양학 분야의 선두주자로, 암 치료 데이터 분석 등을 위해 인공지능^AI을 활용하고 있다.

이처럼 전환의 시대가 응축될수록 변신에 대한 절박함은 커지고 있다. 4차 산업혁명의 톱니바퀴가 빠르게 돌고 있는 요즘, 기업마다 변화의 필요성을 절감하고 있다. 시장이 빠르게 변화할수록 기업의 대응도 더 빨라야 한다. 모든 변신이 성공하는 것은 아니지만 변신하지 않으면 도태된다는 것을 모두 알고 있기 때문이다.

변신의 관건은 타이밍이다. 기존의 판이 바뀌면 혁신에 주저한 기업은 순식간에 몰락하게 된다. 디지털 시대로 변화했음에도 필름을 고집한 세계 1위 기업 코닥은 공장 부지를 스타트업 기업에게 내줘야 했다. 핸드폰 시장의 공룡이었던 노키아는 스마트폰 시대를 대비하지 못해 무너져 내렸다. 모두 전환의 시대가 등장했음을 인지하지 못해서다.

국내 기업들도 마찬가지다. 현재에 만족하는 기업은 순식간에 사라질 수 있다. 기업들이 변화의 체질을 갖추기 위한 M&A에 적극적으로 뛰어들어야 하는 이유다. 더는 과거의 안정적 문법에 취해선 한 발 내딛기조차 어렵다. 이제 4차 산업혁명 시대는 M&A를 잘 이해하고 활용하는 기업이 우위를 점할 수 있다.

7

기술력 있는 혁신 기업이 성공하려면 외부 투자가 선행돼야 한다. 참신한 아이디어와 뛰어난 기술력이 있더라도 투자금이 없으면 무용지물이다. 전통적인 금융은 신용 있는 기업에 대출을 선별적으로 집행했다. 뛰어난 기술이 있더라도 담보를 잡을 수 있는 유형 자산이 없으면 대출받기는 사실상 불가능하다. 그동안 혁신 기업이 쉽사리 등장하기 어려웠던 이유다.

그러나 21세기를 전후해 새로운 유형의 투자자가 등장하면서 판도는 바뀌었다. 사모펀드^{PEF}와 벤처캐피탈^{VC}이 손실 위험을 무릅쓰고 될성부른 나무를 선별해 재무적투자자^{FI}로 뛰어들었다. 이들은 기업가치 1조 원 이상의 비상장기업을 칭하는 유니콘 기업을 다수 키워냈다. 실제로 미국 실리콘밸리는 이들의 주 투자처였다.

아마존, 구글, 페이스북 등 1세대 기업을 시작으로 세계 최대 공유 차량 서비스 기업인 우버, 글로벌 숙박 공유업체 에어비앤비 등이 대표적인 투자 성공 사례다.

국내 시장도 4차 산업혁명과 관련된 기업 육성을 PEF, VC들이 주도하고 있다. 유통업계의 공룡으로 떠오른 쿠팡, 4조 7000억 원의 몸값에 독일 딜리버리히어로 DH에 매각된 우아한형제들(배달의민족 운영사), 신선식품 플랫폼인 마켓컬리는 모두 국내외 FI들이 지속해서 투자를 거듭해 4차 산업혁명을 선도하는 기업으로 부상했다.

PEF, 유니콘 양성소의 역할 ────────

한국 콘텐츠의 힘이 갈수록 강해지고 있다. 봉준호 감독은 영화 〈기생충〉으로 미국 아카데미(오스카)에서 감독상·작품상·각본상·국제장편영화상까지 4관왕을 차지했다. 92년 아카데미 역사상 작품상을 받은 첫 외국어 영화다. 방탄소년단 BTS은 미국 빌보드 양대 메인 차트 1위를 기록한 데 이어 그래미상 후보까지 올랐다. 국민 동요 〈상어 가족〉의 동영상은 조회 수 74억을 돌파하며 전 세계 유튜브 최다 조회 영상 1위에 등극했다. 서바이벌 슈팅 게임인 배틀그라운드 모바일은 세계 모바일게임 매출 1위 자리에 올랐다.

이러한 국내 콘텐츠 산업의 동반자는 단연 PEF이다. 2020년 코스피에 상장한 하이브(옛 빅히트엔터테인먼트)는 외부 투자유치로 BTS를 세계 최고의 그룹으로 키워냈다. 방시혁 하이브 대표가 2012년에 출범한 걸그룹 글램은 경쟁력을 발휘하지 못하고 3년 만에 해체됐다. 스타 작곡가 출신인 방 대표가 자신의 히트곡을 담보로 대출을 하며 종잣돈을 마련했지만 실패한 것이다. 이 실패를 이겨낼 성장 사다리는 국내 투자자들이 맡았다. SV인베스트먼트, LB인베스트먼트, 스틱인베스트먼트 등이 빅히트에 과감한 투자를 했다. 그리하여 소속 그룹 방탄소년단의 경쟁력으로 하이브의 시가총액은 전통 강자인 SM, YG, JYP의 시가총액 합보다 크다.

또한 2021년에는 저스틴 비버, 아리아나 그란데가 속한 미국 엔터테인먼트 회사인 이타카홀딩스를 1조 원 2000억 원에 인수하며 글로벌 회사로 발돋움했다. PEF와 함께 성장한 하이브는 되는 투자, 혁신 DNA를 체득하면서 꾸준히 성장하고 있다.

반면 지난 20년간 엔터테인먼트 산업을 이끈 SM엔터테인먼트는 마땅한 성장 발판을 찾지 못했다. 2021년에는 이수만 대표 프로듀서의 매각 추진으로 어수선한 상황이다. YG엔터테인먼트는 전문성 없이 M&A를 추진하다 위기를 맞이했다. 캐시카우였던 빅뱅이 입대를 앞두자 일단 '사고 보자'식 투자를 진행했다. 2014년 보광그룹 계열 광고대행사인 휘닉스홀딩스를 약 500억 원에 인수했다. 같은 해 코스온으로부터 코드코스메인터내셔널을 50억 원에 사들여 '문샷' 브랜드를 출시했다. YG푸드를 세워 먹거리 사업에 진출했으며 국내 골프 예약 1위 사이트 '엑스골프' 운영사 그린

윅스 지분 100%를 약 315억 원에 인수했다. 본업이 아닌 산업에 진출했지만 적자만 누적됐으며 소속 연예인의 잇따른 스캔들, 코로나19 등이 겹치며 대다수의 사업을 접어야 했다. PEF 등 전문 투자자 없이 단독으로 진출했다 좌절한 연예기획사의 대표적인 M&A 실패 사례로 기록되는 불명예를 얻었다.

K-게임이 세계를 평정한 것도 PEF의 조력이 큰 역할을 했다. K-게임은 2018년 한 해 수출 실적은 K-팝의 11배, K-무비의 154배인 연간 8조 원에 달한다. 이 중에서도 우리는 배틀그라운드로 세계를 평정한 크래프톤의 성공 신화를 되새겨볼 필요가 있다.

게임 배틀그라운드 개발사인 블루홀은 창업 3년 차인 2009년 운명의 갈림길에 직면했다. 스타트업이 한계에 직면하는 '데스밸리(죽음의 계곡)'에 접어들었다. 더욱이 리니지 개발사인 엔씨소프트와 소송을 벌이며 투자 리스크도 컸다. 그 와중에 성장 가능성을 높이 평가한 IMM인베스트먼트, 스톤브릿지캐피탈, 케이넷투자파트너스 등은 171억 원을 투자하며 조력자 역할을 톡톡히 했다.

투자금을 바탕으로 2011년 다중접속역할수행게임^{MMORPG} 테라를 출시하며 주목을 받았다. 그러나 캐시카우와는 거리는 멀었다. 제작비만 400억 원 넘게 들었지만 중국 시장에서 고전하며 큰 성과를 거두지는 못했다. 2014년 15억 원, 2015년 263억 원의 적자를 기록했으며 투자자^{LP}들은 실패한 투자로 지목했다. 만년 실패작이라는 오명이 있었지만 게임 개발 역량만큼은 국내 최고였다.

그러나 숫자만으로는 더 투자에 나설 수 없다. 모험 자본을 넣지 않고서는 투자유치는 언감생심일 때였다.

이런 상황에서 IMM인베스트먼트와 프리미어파트너스는 135억 원을 추가로 투자했다. 이후 경영진과 PEF, VC들은 머리를 맞대고 인수합병^{M&A} 전략을 통해 위기를 탈출하고자 했다. 2015년 10여 곳의 중소형 게임사를 인수했다. 김창한 프로듀서(현 크래프톤 대표)가 이끄는 지노게임즈도 그중 하나였다.

지노게임즈는 배틀로얄 장르가 게임계를 휩쓸고 있는 것에 착안해 배틀그라운드 개발에 나선 상태였다. 개발 자금이 넉넉하지 않지만 외부투자 자금을 활용한 끝에 2017년 출시했다. 이 게임은 정식 출시 전 게임을 선출시하는 개념인 '얼리액세스^{Early Access}' 단계에서 최단기간(16일) 100만 장 판매기록을 달성했다. 크래프톤은 배틀그라운드를 통해 2018년 이후 1조 원의 연 매출과 3000억 원대의 영업이익을 얻었다.

성공 이후에도 투자자들은 한 단계 도약할 수 있도록 추가 투자를 단행했다. 2018년 IMM인베스트먼트와 JKL파트너스는 각각 2000억, 500억 원을 투자했다. 2021년 8월 24조 원의 몸값으로 기업공개를 했다. 그리고 상장 직후 단번에 엔씨소프트를 제치고 국내 1위 게임사로 등극하며 PEF, VC와 함께 만든 성공 신화를 완성했다.

생태계는 다양한 생명체가 유기적으로 결합해 공존하는 세계다. 톱니바퀴처럼 한 부분이 사라지면 생태계는 더 이상 유지되지 않는다. 투자 생태계도 마찬가지다. 스타트업은 외부 조력 없이는 성장할 수 없다. 상상력을 현실로 만들 수 있는 자본이 없기 때문이다. 그래서 PEF, VC의 등장은 혁신 기업이 등장하는 시간을 빨리 감기하듯 성장을 앞당기는 데 큰 공로를 했다.

국내 PEF, VC의 영향력은 매년 커지고 있다. 스타트업 생태계를 넘어 산업 전반으로 진격하고 있다. 한국의 경영참여형 PEF 시장만 하더라도 2019년 말 84조 원까지 커졌으며 2021년 1분기를 지나며 100조 원 시대에 진입했다.

최근 몇 년 새 PEF는 대기업의 혁신 투자 파트너로 인정받는 분위기다. 1997년, 2008년 위기를 겪은 대기업이 과감한 신규 투자에 부담을 느끼면서 위험 부담을 나눌 조력자를 구하고 있다. 앞서 현금 유동성을 일정 부분 유지해야 하고 잘못된 투자로 그룹을 위기에 몰아넣을 수 있다는 경험을 공유하고 있다.

1997년에는 대우 그룹이라는 거인이 쓰러졌다. 2013년에는 중견사인 웅진그룹이 법정관리(기업회생절차)에 들어갔다. 무리한 사업 확장이 화를 불렀다. 웅진그룹은 2006년 웅진에너지를 설립해 태양광사업에 진출했으며 2007년 극동건설, 2010년 서울저축은행을 인수해 건설업과 금융업에 뛰어들었다. 2008년 미국발 금융위기로 부동산 경기 침체가 이어지면서 건설업이 무너지고, 부동산 프로젝트 파이낸싱^{PF} 부실이 저축은행으로 전이되면서 막대한 피해를 보았다. 그룹은 공중분해가 됐지만 그나마 웅진코웨이, 웅진식품, 웅진케미칼 등 알짜사업을 매각해 2014년 법정관리에서 벗어났다. 한번 잘못된 투자로 혹독한 시절을 보낸 그룹들이 늘어나면서 투자의 보수성은 강해지고 있다. 한강의 기적을 이끈 기업가 정신 역시 점차 막을 내리고 있다.

그러나 금융 활용에 눈을 뜬 곳은 슬기롭게 투자 모델을 구축하고 있다. SK그룹이 대표적이다. SK그룹이 먼저 금융에 뜬 데는 외국계 자본과 경영권 분쟁에 휩싸인 탓이 크다. 뉴질랜드계 자산운용사 소버린은 2003년 3~4월 SK글로벌의 분식 회계와 최태원 회장의 부재로 SK㈜ 주가가 폭락한 시기를 틈타 지분 14.99%를 확보했다. 소버린은 2년간 경영권 다툼을 한 뒤 9000억 원의 시세차익을 올리며 한국을 떠났다.

금융의 쓴맛을 본 SK그룹은 문호를 걸어 잠그는 쇄국정책 대신 개방정책으로 접근한다. 최태원 회장은 집단지도체제인 수펙스추구협의회를 2013년 출범하면서 금융 시장과의 협업을 본격화했다. IB 인사들을 영입해 PEF와 공동 투자하는 방식을 구축했다. 투자 부담과 리스크는 낮추고 신산업 발굴은 적극적으로 하는 방안을 그룹의 DNA로 심었다.

PEF를 단순한 재무적투자자^{FI}가 아닌 협업 파트너로 인정하고 새 먹거리 창출에 활용했다. SK텔레콤은 2018년 맥쿼리인프라자산운용 컨소시엄과 손잡고 칼라일그룹으로부터 보안 전문기업 ADT캡스 지분 100%를 2조 9700억 원에 인수했다. SK와 맥쿼리 컨소시엄이 ADT캡스 인수를 위한 특수목적회사^{SPC} 지분을 55대 45로 양분하는 구조다. 그리고 같은 해 또 다른 빅딜을 해냈다. SK하이닉스는 베인캐피탈 등 FI들과 컨소시엄을 이뤄 20조 원 규모의 도시바메모리를 인수했다. 2020년에는 신생 PEF 두 곳과 4800억 원을 들여 매그나칩반도체 파운드리사업부와 청주공장을 16년 만에 되찾아왔다.

해외 투자도 PEF와 함께 호흡을 맞췄다. SK그룹은 2018년과 지난해 베트남 마산그룹과 빈그룹 투자에 나서면서 재무적투자자^{FI}를 초대한 바 있다. 마산그룹 투자의 경우 IMM인베스트먼트·스틱인베스트먼트가, 베트남의 삼성으로 불리는 빈그룹 투자 때는 IMM인베스트먼트·한투PE·국민연금공단 등이 파트너로 나섰다. 동남아시아의 성장성을 보고 베트남 1, 2위 업체에 총 1조 7100억 원을 투자했으며 SK는 이중 절반가량을 투자했다.

2020년에는 중국으로 영역을 확대했다. 데이터센터 전문 운용사인 친데이터그룹에 약 3600억 원을 투자했다. 친데이터는 10만 대 이상의 서버를 운영할 수 있는 초대형 데이터센터 전문 기업으로 중국과 말레이시아, 인동에서 총 9개의 데이터센터를 운용하고 있다. 5세대[5G] 통신 기술, 빅데이터, 클라우드 등 글로벌 데이터센터 수요가 큰 폭으로 증가하자 관련 분야 선점에 나섰다. 이번 투자도 IMM인베스트먼트와 손을 잡았다. 새로운 수익원 발굴을 PEF와 함께하면서 위험과 자본 부담은 낮추는 데 성공했다는 평가다. SK그룹은 영리한 M&A 전략으로 미래 산업 발굴에 앞서 있다.

8

사모펀드와 경영하고 투자하라

국내에서 사모펀드^{PEF}에 대한 첫인상은 매우 부정적이다. IMF 위기를 틈타 헐값에 알짜기업들을 싹쓸이한 후 재매각하는 과정에서 고강도 구조조정, 고배당, 단기간 천문학적인 수익 실현 등을 통해 '먹튀'라는 인식이 강했다. 즉 '수익만 추구하고 기업의 지속가능성을 파괴하는 집단'이라고 봤다. 여기에 SK그룹 등 대기업에 대한 외국계 자본의 경영권 공격 등이 맞물리면서 국내 기업의 적이라는 이미지가 덧씌워졌다.

그러나 국내 PEF가 성장하면서 지금은 적이 아닌 동지로 탈바꿈하고 있다. PEF가 지닌 강점이 기존 기업의 역량과 맞물리며 폭발적인 성과를 내면서 이제는 PEF와 함께하는 기업들이 점차 늘어나고 있다.

기업 성장은 유연한 전략을 어느 정도 실현하는가에 달려있다. 그중 PEF와 손잡으면 가능한 지점들이 여럿 있다. 강소기업은 탄탄한 기술력에도 성장에 한계가 있다. 해외 진출의 진입장벽과 추가 설비투자^{CAPEX}에 어려움을 겪는 경우가 많다. 외국계 PEF는 해외 진출에 도움을 준다. TPG코리아는 2017년 바닥재 히든챔피언인 녹수에 3600억 원을 투자했다.

녹수는 1994년 설립된 국내 최대의 고급 바닥재^{LVT} 생산 기업으로 4000개 이상의 디자인 제품을 생산하는 기업이다. 해외 매출 비중이 높아 국내보다 해외 시장에서 더 잘 알려진 곳이다. 고동환 녹수 대표는 미국을 비롯해 세계 시장을 본격적으로 공략하기 위해 TPG와 손을 잡았다. 글로벌 3대 PEF인 TPG는 미국뿐 아니라 전 세계 시장에 탄탄한 네트워크를 보유하고 있다.

중견 PEF 코스톤 아시아도 비슷한 역할을 수행했다. 2011년 셀트리온이 보유하고 있던 자동차 안전벨트 제조업체 디비아이(현 우신세이프티시스템)를 인수했다. 디비아이의 높은 기술력과 30년 넘는 업력을 바탕으로 해외 매출을 늘리면 알짜 기업으로 거듭날 수 있다고 판단했다. 인수 후 모회사인 미국 코스톤캐피탈의 도움을 받아 GM글로벌과 1억 달러 규모의 장기 수주 계약을 체결했다. 창업자인 앨버트 호크 회장은 변호사 출신으로 댄 애커슨 전 GM

회장 등 미국 경제계 인사들과 친분이 있어 해외 진출에 큰 도움을 주었다.

코스톤아시아는 디비아이를 인수한 지 2년 만인 2013년 7월 우신시스템에 210억 원을 받고 팔았다. 투자금 대비 1.4배의 수익을 올리게 되었다. '국내 기업의 해외 진출 지원'이라는 투자 전략이 적중했다. 이처럼 PEF는 강소기업의 세계 진출을 돕는 교두보 역할에서 강점을 보인다.

막대한 투자 자금, 전략적 볼트온으로 시장 재편 ─────

PEF의 또 다른 강점은 자금 조달이 용이하다는 것이다. 필요하다면 블라인드펀드나 프로젝트펀드를 조성해 추가 투자에 필요한 자금을 조속히 확보할 수 있다. 적극적 M&A 전략이나 설비투자 CAPEX로 해당 산업군을 공략할 수 있는 전략 수행이 가능하다.

실제 PEF는 비슷한 업종의 기업들을 집중적으로 인수해 시너지를 높이고 이를 통해 기업뿐만 아니라 산업의 가치까지 함께 끌어올리는 볼트온 Bolt-on 전략을 즐겨 사용하고 있다. 한앤컴퍼니는 볼트온을 구사하는 대표적인 PEF다. 2013년 웅진식품을 1150억 원에 인수한 한앤컴퍼니는 동부팜가야·대영식품 등을 추가로 인수하며 기업가치를 끌어올렸다. 그리고 2018년 말 2600억 원에 대만의 유통기업 퉁이그룹에 매각하며 저력을 보였다.

어펄마캐피탈도 볼트온을 통해 환경폐기물 시장을 공략하는 데 성공했다. EMC홀딩스는 1997년 환경관리공단이 자본금 61억 원을 전액 출자해 설립된 회사다. 공기업 민영화에 따라 2000년 말 종업원 206명이 주식 100%를 인수하며 민영화됐다. 이후 2007년 코오롱그룹이 인수해 코오롱워터앤에너지로 사명을 바꿔 경영 활동이 이뤄졌다.

어펄마캐피탈은 2009년 코오롱워터앤에너지 지분 35%를 취득하며 소수 지분 투자를 시작했다. 투자 후 2015년까지 코오롱워터앤에너지는 두 차례 기업공개^{IPO}를 시도했으나 번번이 무산됐다. 수처리 부문의 강자로서 사업에 안정성은 있었으나 성장성에 한계가 있다는 지적이 발목을 잡았다.

코오롱 그룹은 수처리 사업에서 별다른 성과를 올리지 못하자 매각에 착수했다. 어펄마캐피탈은 2016년 나머지 65%의 지분을 모두 사들이며 바이아웃 투자를 했다. 내부에서 만장일치로 이뤄진 결정은 아니었다. 이미 한 차례 투자가 실패한 만큼 손 털고 다른 투자 건에 집중해야 한다는 목소리도 내부에서 나왔다. 그러나 폐기물 시장의 독특한 특성이 바이아웃이라는 결정을 내리게 했다. 시간이 지날수록 진입장벽이 있으면서도 처리 수요가 증대하는 수처리 산업은 선진국에서 높은 수익을 올리는 산업군으로 분류됐다. 국내에서도 환경 기준이 고도화되면 수처리 시장이 급격히 증가하고 단가도 높아질 것으로 봤다. 여기에 유사업종인 폐기물 사업을 추가로 확보하면 성장성을 끌어올릴 수 있다는 계산이었다.

어펄마캐피탈은 코오롱환경에너지 인수 후 사명을 EMC홀딩스(환경관리주식회사)로 바꿨다. 곧바로 종합 환경사업을 아우르는 기업을 목표로 전국에 흩어진 폐기물 업체들의 인수를 추진했다. 2017년 충청환경에너지, 경기환경에너지(구 삼협그린텍), 와이에스텍을 시작으로 2018년 서남환경에너지(구 에코그린), 경인환경에너지(구 WIK그린), 2019년 경북환경에너지 등을 인수했다. 4년간 6개의 볼트온 투자를 통해 수처리 중심인 회사를 폐기물 소각과 매립 등을 겸비한 종합환경 플랫폼으로 키워냈다.

2020년 코로나19 확산으로 안정적 수익처인 폐기물 섹터가 주목받자 매각에 나섰다. 치열한 인수전 끝에 SK건설이 EMC홀딩스를 무려 1조 500억 원에 인수했다. 초기 450억 원을 투자해 볼트온 전략을 구사한 끝에 조 단위 매각을 끌어내며 투자 성공 신화를 이뤘다.

PEF가 기업 경영에 참여하면 기업 지배구조 개선과 경영 효율화 등을 통해 수익성이 증대되는 장점도 있다. 체계적인 경영기법과 창의적인 기업 전략을 바탕으로 기업의 수익성을 끌어올린다. 인수 기업 노동자들의 처우를 개선해 노동생산성을 끌어내는 과정도 늘어나고 있다. 변화하는 시대에 성공하려면 결국 'PEF와 함께 경영하고 투자하라'를 실천하는 것이 성공으로 가는 방법이다.

2장

사모펀드와 함께 성공한 기업들

맘스터치: 창의적으로 파괴하는 낡은 시스템

기업은 성장하면서 낡은 문법을 몸속 깊숙이 새긴다. 효율성을 추구한 조직은 확장을 거듭하면서 점차 비효율성에 직면한다. 기업 설립자들은 투명한 경영을 점차 잊고 법인에서 손쉽게 수익금을 회수할 방안들을 강구한다. 친인척들을 임원에 앉히거나 자회사나 관계회사에 높은 단가를 통해 원자재를 사는 방법으로 법인에서 이윤을 조금씩 가져간다. 회사들마다 조금씩 다르지만 일반적으로 나타나는 현상이다.

PEF는 기업의 비효율을 바로잡고 혁신을 불러오는 새로운 기업가 집단이다. 조지프 슘페터가 말한 창조적 파괴를 과감하게 수행하는 기업가 정신을 가지고 있다. 창조적 파괴는 혁신을 바탕으로 낡은 것을 파괴하고 새로운 것을 창조하는 과정을 끊임없이 수

행함으로 크게는 경제구조를, 작게는 기업의 시스템을 바꿔내는
작업을 뜻한다. 경영권을 가져와 기업에 깊숙이 자리 잡은 비효율
을 완전히 거둬내고 성장 동력을 새롭게 탑재하는 일을 빠르게 수
행한다. 경영참여형 PEF는 통상 5~7년간 기업을 보유해 주어진
시간이 그리 넉넉하지 않기 때문이다.

맘스터치의 화려한 도약과 한계 ────────

가성비가 좋은 버거로 유명한 맘스터치는 원래 대한제당이 운영
하는 파파이스의 한 사업부에서 시작했다. 파파이스의 서브 브랜
드라는 이름을 가지고 2000년대 초반 20개의 매장으로 시작했지
만 당시 적자를 기록하며 미운 오리 새끼로 전락했다. 맘스터치 사
업을 총괄하던 정현식 상무는 회사에 매각을 제안했다. 그러자 회
사에서는 되레 정 상무에게 맘스터치를 사가라고 권했다. 2004년
정현식 회장이 해마로푸드서비스를 인수하게 된 배경이다.

인수 이듬해 맘스터치는 저렴한 치킨버거인 '싸이버거'를 출시
하며 젊은 층을 중심으로 가성비 버거로 입소문이 났다. 싸이버거
는 허벅지를 뜻하는 '싸이^{thigh}'와 '버거'를 합친 말로, 이 두툼한 통
다리살 패티를 저렴한 가격에 제공한 것이다. 이렇게 경쟁사와 차
별화된 제품으로 맘스터치는 점차 승승장구했다.

맘스터치는 햄버거·치킨 프랜차이즈 중에서 2019년 가맹

점 수 기준 시장점유율 5위에 올랐다. 동종 브랜드 BBQ(1659곳), BHC(1456곳), 롯데리아(1207곳), 페리카나(1176곳)에 이어 1167곳의 매장을 보유하고 있다.

이런 성과는 파파이스와 대비되면서 업계의 전설로 남았다. 오리지널 브랜드인 파파이스는 치열한 버거 경쟁에서 살아남지 못하고 결국 국내 사업 26년 만에 철수를 결정했다.

성공 신화를 쓴 맘스터치이지만 이후 추가 성장 동력을 찾지 못하자 PEF에 매각을 결정했다. 케이엘앤파트너스는 2020년 1월 프랜차이즈 맘스터치 운영사 해마로푸드서비스 경영권을 1937억 원에 인수했다.

인수 당시 투자자들은 반신반의했다. 요식업^{F&B}은 일반적으로 트렌드 변화가 빨라 사업 불확실성이 큰 업종으로 분류되기 때문이다. 새마을금고에서도 마찬가지였다. 내가 실무자로 맘스터치 인수 건을 처음 접했을 때 의사결정을 쉽사리 내리지 못했다. 그런데 우연히 고려대학교 MBA 과정 수업 옆자리에 맘스터치 CFO가 앉아있었다. 이 기회를 활용해 숫자 이면에 있는 회사 내부사정을 하나씩 물어봤다. 요점은 기업이 꾸준한 성장을 하고 있지만 비효율적인 요인이 많아 개선할 여지가 많다는 것이었다. 인수 후 몇 가지 작업만으로도 수익성이 올라갈 수 있다는 점을 알게 됐다. 케이엘앤파트너스가 스타벅스와 맥도날드 출신 인사들을 통해 인수 후 성장전략을 설명해줬다. 분명한 성장전략을 접하면서 맘스터치는 요식업의 장벽을 넘을 수 있다고 판단하여 투자 결정을 내렸다. 그리고 그 확신은 곧 현실이 되었다.

혁신적 시스템을 이식한 케이엘앤파트너스의 성과

케이엘앤파트너스는 경영권을 인수한 후 인수 후 통합[PMI] 작업에 착수했다. 먼저, 16년간 사업이 확장되어 온 과정에서 발생한 방만한 경영을 최소화해 불필요한 비용을 줄이기로 했다. 일명 집도의가 된 케이엘앤파트너스는 100일 플랜을 가동하며 대수술을 시작했다. 원재료와 부재료 단가인하를 다각도로 확대하고 공개 입찰 등을 실시했다. 효과는 즉각적으로 나타났다. 원가 대비 17% 비용이 절감되었다. 그리고 전국 11개 지사와 재계약을 통해 지급 수수료를 2%p 낮추고 지사까지의 운반비도 50%를 지사가 부담하도록 했다.

과도하게 많았던 임원과 무보직 고문들을 대폭 정리하고 일반 직원보다 과도하게 높은 임원의 급여를 하향 조정했다. 대신 직원과 가맹점의 후생 복지를 강화했다. 코로나19로 최소 생계 손익 지점에 미달하는 가맹점 163곳에 대해서는 본사가 직접 매입해 인근 복지 단체, 의료기관 등에 기부했다. 또한 직원들에게는 자녀 학자금 지원, 임금 인상, 공장 편의시설 확충 등을 통해 만족도를 높이는 데 주력했다. 임직원, 가맹점과 상생해야 더 성장할 수 있다는 믿음에서 이뤄낸 것이다.

기존 경영진과 단절하고 혁신 마인드를 지닌 PEF가 등장하며 회사의 변화도 빠르게 이뤄졌다. 기업 내 창조적 파괴가 맘스터치의 혁신을 이끌었다. 코로나19 확산으로 소비자의 생활양식이 비대면으로 빠르게 전환되자 발 빠르게 배달 역량을 강화했다. 배달과 포장에 특화된 맞춤형 매장을 2020년 12월 신설한 게 대표적이다. 맘스터치는 서울 강남구에 '뉴노멀 매장'이라 이름 붙인 삼성중앙역점을 열었다. 주문 고객과 취식 고객, 포장·배달 고객 동선을 분리한 것이 특징이다. 포장 주문을 한 고객이나 배달 노동자들은 아예 매장에 들어올 필요 없이 픽업 부스에서 음식을 가져갈 수 있다. 수도권 고임차료 지역에 매장을 진출해 포스트 코로나 시대에 맞는 지점을 지속적으로 늘려나갈 계획이다.

메뉴도 효율화하여 재정비했다. 매출 비중이 1% 미만인 메뉴는 과감하게 정리해 가맹점의 조리 시간 단축과 재고 부담을 줄여나갔다. 신제품의 출시 기준도 과학적으로 접근해 성공률을 높였다. 2019년 이후 1년간 신제품이 연달아 실패하자 출시 전 소비자 조사를 의무화하는 정책을 도입했다. 긍정적 비율이 70% 이상인 제품만 출시하도록 했는데 간장마늘치킨, 닭강정 트리오 등이 연달아 호응을 얻었다.

코로나19 이후 프랜차이즈 업체가 전반적으로 침체에 빠졌지만 맘스터치는 과감한 변화로 수익성과 성장성이 눈에 띄었다. 점포 확대와 배달증가로 상각전영업이익이 58억 원 증가했으며 각종 비용 절감 노력으로 100억 원을 더 벌어들일 수 있었다. PMI 작업만으로 상각전영업이익이 158억 원 증가하는 마법이 이뤄졌다.

중장기 성장을 위한 밑그림도 준비하고 있다. 성장전략본부를 신설해 과업이 효과적으로 추진되는지 점검하도록 했다. 이 조직은 PEF의 유연한 경영전략과 혁신적 DNA를 유기적으로 연결하기 위한 고리다. 삼성 미래전략실 및 제일기획 기획실 출신 전문가를 본부장으로 영입해 체계적인 시스템을 이식했다. 어두운 과거와 단절하고 '창조적 파괴'를 이룰 수 있는 PEF의 장점이 여실히 드러난 케이스다. 2021년에는 매출액 증가와 비용 절감을 추가로 이뤄 상각전영업이익을 510억 원까지 올릴 것으로 추정하고 있다.

10

OB맥주: 전문적인 경영 관리

글로벌 사모펀드 KKR와 어피너티에쿼티파트너스(어피너티)는 2009년 벨기에 주류업체 AB인베브로부터 OB맥주를 2조 3000억 원에 인수했다. 인수 후 OB맥주 전문경영인 선임 후 경영 효율화를 통해 실적을 빠르게 끌어올렸다. 기존 밀어내기 관행을 없애고, 주력 상품인 카스를 생산부터 판매까지 무조건 1개월 이내에 이루는 방식으로 영업 전략을 펼쳤다. '1개월 안에 고객에게 닿게 한다'라는 전략은 장인수 당시 OB맥주 대표의 아이디어로 알려졌다. 고졸 출신인 장 전 대표는 OB맥주 매각 당시 영업본부장을 지냈지만 PEF가 과감하게 대표로 발탁한 인물이다.

OB맥주는 전문경영인을 발탁한 이후 점유율을 꾸준히 끌어올려 2011년 점유율 51.8%로 업계 1위에 올랐다. 이어서 2013년 매출액 1조 4848억 원, 영업이익 4727억 원을 기록했다. 4년 만에 매출 82%, 영업이익 240%나 높아진 것이다. 이 같은 실적을 바탕으로 KKR·어피너티컨소시엄은 2014년 OB맥주를 원래 주인인 AB인베브에 6조 1000억 원에 재매각했다.

PEF의 투자 영역이 넓어지고 규모도 커지면서 오퍼레이션(경영관리)이 점차 중요해지고 있다. 초창기 숨어있는 보석을 찾아내는 역량이 PEF에게 필요했다면 이제는 보석을 가공해 최고의 가치로 끌어올리는 것이 중요해졌다. 사모펀드가 기업의 가치를 높일 전략을 짠다면, 이를 실행할 사람들이 필요하다. PEF가 투자 회사를 5~7년 내 최고의 기업으로 탈바꿈할 수 있도록 전문경영인 조직을 신설하는 이유다.

오퍼레이션 조직은 글로벌 스탠다드이다 ————————

PEF 초기에는 비교적 손쉽게 수익을 올릴 수 있었다. 대기업 계열사들은 계열사 간에 과도하게 지출되던 비용만 줄이더라도 수익성을 크게 개선할 수 있었다. 중소·중견기업은 시스템만 개선해도 알짜 회사로 거듭났다. 오너가 친인척 등을 회사 임원으로 임명하던 악습 관행을 근절하면 누수되던 인건비 등이 회복되어 회사는 자연스레 탄탄해졌다. PEF 시장 도입기에는 비교적 낮은 비용으로 인수해서 훗날 되파는 방식으로도 수익을 남길 수 있었다.

하지만 PEF 시장 규모가 커지면서 더 정교하고 전문적인 경영 능력이 중요해졌다. 시장 유동성이 풍부해지고 PEF 간 경쟁도 치열해지면서 요행으로 수익 창출을 창출하기가 점차 어려워지고 있다. 투자자[LP]의 인식도 변하고 있다. 더벨이 2019년 말 200여 명의 국내 LP와 GP를 대상으로 경영참여형 PEF 인식조사를 진행한 결과 '포트폴리오 관리 등 오퍼레이션을 전담할 인력이나 조직이 필요한가'라는 질문에 대다수의 응답자가 '필요하다'고 답했다. 특히 LP의 93%는 필요하다는 견해를 밝혔다.

PEF의 오퍼레이션 그룹 도입은 글로벌 스탠다드다. 콜버그크래비스로버츠[KKR]는 컨설팅 조직인 캡스톤[Capstone]을 통해 전문적으로 투자 회사를 관리한다. 캡스톤은 C 레벨급(CEO, CFO 등 경영인) 전문가들로 이뤄진 조직으로 10여 년 넘게 활동해 왔다. 캡스톤은 약 60여 명(2018년 6월 말 기준)의 전임 전문가들로 이뤄져 있으며 미주, 아시아, 유럽에 사무소를 두고 있다.

엘캐터톤[L Catterton] 역시 컨설팅 회사 형태로 오퍼레이션 자문조직인 볼트를 신설했다. 볼트는 엘캐터톤 펀드가 투자한 포트폴리오 회사에만 서비스를 제공하는 비즈니스 컨설팅 및 운영개선 서비스 회사다. 볼트의 구성원은 컨설턴트와 일반 기업 경영진 출신들로 구성됐다.

PEF 내 전문 오퍼레이션 조직을 두는 경우도 흔하게 볼 수 있다. 글로벌펀드인 칼라일은 투자 회사의 자문을 담당하는 오퍼레이션 그룹을 갖고 있다. 이들 대부분은 C 레벨 경영진이나 각 산업 섹터별 전문가들로 구성돼 있다. 블랙스톤도 마찬가지다. 내부에 포트폴리오 오퍼레이션 팀^{Portfolio Operations Team}이 존재한다. 오퍼레이션 팀의 구성원들은 각 기업의 경영진 경력을 다수 가진 '경영전문가'로 기업 성장의 핵심 일꾼으로 활약하고 있다. 국내에서 활발히 활동하는 홍콩계 PEF인 어퍼너티에쿼티파트너스는 김정인 현대카드 부사장을 영입해 오퍼레이션 그룹을 운영하고 있다.

C 레벨 육성으로 경쟁력을 확보하다 ─────────

오퍼레이션 조직 신설은 국내 PEF에도 핵심 과제로 떠오르고 있다. 국내 1위 PEF인 MBK파트너스는 2019년 차영수 전 삼성선물 대표를 서울 오피스 운영파트너^{Operating Partner}로 영입했다. 급성장하는 포트폴리오 자산을 효과적으로 관리하기 위해 운영 담당 관리자를 처음으로 영입했다.

한앤컴퍼니는 소니코리아의 대표를 지낸 윤여을 회장이 10여 명의 전문가를 이끌고 오퍼레이션 업무를 수행한다. 스틱은 OPG^{Operating Partners Group}(경영자 파트너 그룹)라는 별도 조직을 운영한다. 2009년부터 삼성전자 출신인 백봉주 위원장을 중심으로 활동하고 있다. IMM PE 역시 2020년 오퍼레이션 별도 법인을 출범했다.

C 레벨 육성과 확보 노력도 치열해지고 있다. 국내 PEF 운용

사들은 기업을 인수한 뒤 임직원의 성과 보수 체계에 손댄다. 최고경영자^{CEO}, 최고재무책임자^{CFO} 등 C 레벨 경영진의 연봉을 향후 실적과 연동하여 책정한다. 또, 회사를 비싼 값에 매각하면 회사 경영진에도 매각 차익의 일부를 나눠준다. 이 같은 확실한 보상 체계가 강력한 동기부여를 주면서 대기업, 금융회사 출신의 유능한 인재들이 모여들고 있다.

유능한 인재 선발은 곧 투자의 성공과 직결된다. MBK파트너스는 2014년 오렌지라이프의 새 수장으로 과거 알리안츠생명과 에이스생명 등에서 대표로 일한 정문국 사장을 영입했다. 그는 오렌지라이프의 대표로 취임한 뒤 크게 조직 혁신, 상품 혁신, 디지털 혁신을 추진하며 알짜 회사로 키워냈다. 인수 5년 만에 신한금융지주에 매각해 2.7배의 이익을 얻었으며, IRR 기준으로 27%의 수익률을 기록했다. 정 사장은 경영 성과를 인정받아 수백억 원의 인센티브를 받기도 했다.

성과를 낸 전문경영인은 몸값이 치솟고 있다. 경영 용병으로 프리미엄이 붙으며 서로 모셔가기 경쟁이 일어나고 있다. PEF 관계자는 "전문경영인 확보가 곧 경쟁력인 시대"라며 "우수한 인력 확보를 위해 물밑에서 치열하게 경쟁하고 있다"라고 말했다. 인재들이 모이자 갈수록 PEF의 경영 성과도 개선되고 있다.

하림: 기업을 성장시키는 전략가

하림그룹과 아이에스동서의 공통점은 무엇일까. 각자 호남과 영남에 거점을 두고 인수합병^{M&A}을 통해 거대 그룹으로 발돋움한 것이다. 양계 축산 업체로 출발한 하림그룹은 2010년대 거대 기업들을 계열사로 편입하며 단숨에 재계 27위로 부상했다. 부산의 소형 건설사인 아이에스동서는 10년 만에 매출이 10배 성장하며 1조 클럽에 안착했다. 한국콜마는 공격적 M&A 전략으로 설립 30년 만에 시가총액 1조 원 이상 기업을 3개 보유한 그룹으로 성장했다. 이들의 성공은 'M&A 귀재'라는 호칭에서 알 수 있듯이 업계에서 선망의 대상이 되고 있다. 오너의 투자 본능이 일차적인 성공 포인트이지만 일찍부터 PEF와 손잡고 M&A 시장을 공략한 것이 결정적인 비결로 꼽힌다.

닭고기 가공업체 하림의 PEF 활용법 ────────

하림은 1986년 소형 닭고기 가공업체로 시작했다. 전북 익산에 거점을 둔 하림은 '삼장통합(농장-공장-시장)'을 경영 원칙으로 삼았다. 농장, 공장, 시장을 기반으로 사육·가공·유통을 계열화하여 생산 원가의 절감과 품질 향상을 이뤄 경쟁력을 갖췄다. 당시 프라이드 치킨과 양념치킨 체인점이 전국 곳곳에 생겨나면서 전국에 닭고기 열풍이 불었다. 여기에 1986년 아시안게임과 1988년 서울올림픽 등 국제 행사로 소비가 늘고 '3저 호황(저금리·저유가·저환율)'의 영향으로 호황이 이어져 닭고기 수요가 폭발적으로 증가했다. 하림은 닭고기 가공업체 1위 업체로 우뚝 서며 지역 강소기업으로 성장하게 되었다.

지역의 수많은 강소기업 중 하나였던 하림은 M&A 시장에 발을 들여놓은 이후부터 본격적으로 성장 사다리를 올랐다. 하림은 2000년대 들어서면서 기업 확장 전략을 수립한다. 오너의 개인적 판단으로 행해지는 문어발식 확장 대신 사모펀드^{PEF} 운용사의 자문을 받으며 기업을 하나둘씩 사들였다. 자본시장에 익숙하지 않은 만큼 이를 보완해 줄 전문가가 필요했던 것이다. 그 자문사는 오늘날 롯데손해보험, GS ITM 등을 인수해 대형 PEF 대열에 합류한 JKL파트너스다.

하림은 JKL파트너스의 자문을 받으며 주력 계열사 인수를 시작했다. 2007년 축산전문기업 선진을 인수했으며 2008년에는 대상으로부터 팜스코를 사들였다. 팜스코는 배합사료에서 양돈, 도축업 등 축산 전 분야를 아우를 수 있는 기업이었지만 그리 우량하지는 않았다. 연간 매출 4000억 원을 올렸지만 10억 원 내외의 적자와 흑자를 반복했다. 하림은 종합 축산 기업으로 거듭나며 팜스코를 2020년 매출 1조 1600억 원, 영업이익 330억 원을 올리는 우량 회사로 키워냈다. 이 밖에도 양계·축산 가공 기업인 한강씨엠(2009년)을 인수했다.

2010년대에는 빅딜의 시대를 열었다. 2008년 글로벌 경제위기로 많은 해외 기업들이 매물로 나왔다. 하림은 2011년 미국 중견 종합 닭고기 업체인 앨런패밀리푸드(현 앨런하림푸드)를 1400억 원에 인수했다. 앨런패밀리푸드 지분과 재고자산, 추가 설비 투자 등을 합한 금액이다.

하림을 대기업으로 만들어준 거래는 팬오션 인수다. 당시 규모 4조 원에 불과한 하림이 자산 4조 4000억 원의 해운기업을 인수할 수 있었던 데는 위험 부담을 나눈 JKL파트너스가 있었기 때문이다. 하림은 JKL파트너스와 함께 1조 원의 금액으로 팬오션 경영권을 인수했다. 이때 하림이 팬오션 인수에 순수하게 들인 금액은 2400억 원이다. 남은 금액은 JKL파트너스와 금융권의 차입으로 충당했다. '승자의 저주'가 오지 않을까 하는 우려가 있었지만 조선해운업이 되살아나면서 성공적인 M&A로 평가된다. 혼자서는 과감한 투자를 하기 어려웠지만 PEF를 동반자로 삼아 리스크를 분산해 투자에 성공했다고 볼 수 있다.

지역 중소 건설사가 10배 성장한 비결

아이에스동서는 1987년 일신이라는 건설사로 출발한 부산 향토기업이다. 부산 해운대 달맞이고개 일대에 고급 빌라를 지으며 명성을 쌓았으며 2000년대 창원국가산업단지 내 아파트를 대규모로 공급하며 급성장했다. 부산, 울산, 창원 등 부울경 지역에서 나름대로 탄탄한 입지를 구축했다. 그러나 시공 능력으로 보면 여전히 지방 중소건설사 수준에 머물렀다. 2008년 아이에스동서의 매출은 1612억 원에 불과했다.

아이에스동서는 위기를 기회로 활용하는 영리함으로 국내 굴지의 건설사로 도약하게 된다. 2008년 미국 서브프라임 모기지로 금융위기가 전 세계로 확산되었을 때, 국내 건설사 역시 건설 물량 급감과 대규모 미분양 사태로 도미노 파산 위기에 직면했다. 2012년에는 국내 100대 건설사 중 법정관리나 워크아웃 상태인 기업이 20개를 넘어섰다. 벽산건설, 극동건설, 벽산건설, 성원건설, LIG건설 등이 벼랑 끝에 몰렸다.

위기가 점화된 시기인 2008년 아이에스동서는 돌연 M&A 전략에 나섰다. 2007년 분양가 상한제가 본격적으로 시행된 후, 주택 공급 과잉 문제가 나타나고 있다는 위기 증후를 느꼈다. 특히 주택 사업은 경기변동에 민감한 천수답 업종인 만큼 안정적인 현금 창출 능력을 지닌 기업을 인수해 포트폴리오를 다각화하기로 했다.

2008년 현대건설 토목사업부에서 분리된 국내 건축 자재 회사인 동서산업을 인수합병하면서 회사 이름을 아이에스동서로 바꿨다. 이후 비데 제조기업인 삼홍테크(2010년), 산업용 기계 및 장비를 임대하는 렌털회사 한국렌탈(2011년), 콘크리트업체 영풍파일(2014년), 레미콘 제조기업인 중앙레미콘(2014년)을 연달아 사들였다. 사업다각화로 안정적 성장 기반을 마련하면서 건설업계를 강타한 도미노 위기를 순조롭게 넘겼다.

아이에스동서는 M&A 시장에 눈을 뜨면서 신흥 강자로 떠오른 PEF에도 관심을 기울였다. 투자 전문성을 더욱 보강하기 위한 전략적인 판단이다. 그중 이앤에프프라이빗에쿼티(이앤에프PE)와 공동 투자는 우연한 인연으로 시작됐다. 기업 인수를 추진하는 과정에서 이앤에프PE가 공개입찰에서 아이에스동서를 꺾은 일이 발생했다. 거래 과정을 복기하는 과정에서 아이에스동서는 이앤에프PE의 저력을 확인하고 이후 신사업으로 낙점한 환경업 투자의 파트너로 삼았다.

아이에스동서는 이앤에프PE의 자문을 받아 2014년 10월 케이알에너지㈜를 설립하고 환경사업에 발을 들였다. 아이에스동서가 진출한 환경사업은 열적 재활용 증기 공급사업이다. 이렇게 맺어진 인연을 시작으로 아이에스동서와 이앤에프PE는 환경사업 관련 강력한 파트너십을 구축했다. 2017년에는 폐기물처리 업체인 인선이엔티를 공동으로 인수하며 첫 성과를 냈다. 아이에스동서는 환경업 이해도를 높인 2019년 인선이에티의 이앤에프PE 지분을 인수했다.

성과가 입증되면서 폐기물업 공동 투자는 더욱 본격화됐다. 코엔텍·새한환경을 약 5000억 원에 공동 인수했으며 코오롱환경에너지 역시 500억 원가량에 사들였다. 두 회사 간의 거래도 눈에 띈다. 이앤에프PE는 건설폐기물 처리업체 파주비앤알을 아이에스동서에 매각했으며 반대로 이누스를 아이에스동서로부터 인수했다. 적극적인 M&A 전략으로 아이에스동서는 2021년 자산 5조 원 이상인 대기업집단으로 편입되었다. 본업인 건설업도 2018년 1조 3000억가량의 매출을 올리며 10년 만에 10배쯤 성장했다. 굴지의 건설사가 외풍에 쓰러져갈 때 지역 중소형 건설사가 대기업으로 우뚝 설 수 있었던 것은 PEF와 M&A 시장을 공략한 전략 덕분이다.

한국콜마, 새우가 고래를 삼키다 ────

한국콜마는 1990년 화장품 제조업자개발생산^{ODM} 사업으로 출발한 회사다. 대웅제약 부사장 출신인 윤동한 한국콜마 회장이 대기업의 틈새시장으로 화장품 ODM을 낙점한 게 성장의 중요한 발판이 됐다. 당시에는 국내 주요 화장품업체가 제조와 판매를 모두 고수했지만 미국, 일본 등 선진국에서는 분업화가 이뤄졌다. 윤 회장은 국내 시장도 결국 산업 재편이 될 것으로 판단했던 것이다.

2000년대 초반 미샤, 더페이스샵, 네이처리퍼블릭 등 중저가 화장품 로드샵이 급부상하며 매출이 크게 늘었다. 하지만 단일 산업으로는 성장에 한계가 있었다. 빠른 성장을 위해선 인수합병$^{M\&A}$ 전략이 필요했다. 2012년 법정관리 중이던 제약사 비알엔사이언스(현 콜마파마)를 인수하면서 제약사업에 본격적으로 나섰다. 문제는 추가 M&A를 추진하기 위한 자금력이 현저히 부족했다는 점이다.

돌파구는 외부 투자유치였다. 퀸테사인베스트먼트는 2014년부터 한국콜마그룹의 조력자로 나서며 총 6번을 투자했다. 한국콜마홀딩스, 콜마비앤에이치, 콜마파마에 총 3700억 원을 투자했다. 안병준 한국콜마 대표와 정현창 퀸테사 상무(현 해임달PE 대표)가 재무적 협력관계를 유지하면서 유동성을 풍부하게 유지했다. 자금 조달로 숨통이 트인 한국콜마는 2016년과 2017년 미국 프로세스테크놀로지스앤드패키징^{PTP}와 캐나다 CSR코스메틱솔루션을 인수했다. 북미 ODM 업체를 인수하면서 세계 시장으로 사업을 확장했다.

새마을금고는 한국콜마 투자 건의 주요 LP다. 한 기업에 대한 시리즈 투자는 결코 쉬운 결정이 아니다. '달걀을 한 바구니에 담지 마라'라는 투자 격언이 LP 업계에도 통용된다. 그럼에도 시리즈 투자를 결정한 데는 나름의 이유가 있다. 한국콜마 투자 심의를 위해 세종 공장으로 현장 실사를 가면서 보고 느낀 저력 때문이다. 콜마그룹의 주 매출처이자 고객사인 네트워크마케팅 회사 애터미의 교육센터가 우연히 실사 장소 바로 옆 강당에서 진행되고 있었다. 축구장처럼 넓은 강당에 애터미 회원들이 가득 차서 뜨거운 열기 속에 교육이 이뤄지고 있는 모습이 눈에 들어왔다. 애터미는 실사용자 중심의 회원으로 구성돼 질 높은 제품을 유통하는 채널이다. 생산의 종착점은 결국 유통이다. 판매 채널의 역동성이 분명하고 대규모 조직이 구축되어있다면 매출 상승은 거의 보장된 것이나 다름없다. 결국 한국콜마 그룹의 성장이 이어질 것으로 판단해 투자 결정을 내렸다. 그리고 이런 시각은 적중했다. 이 투자 건은 새마을금고에도 꽤 많은 수익을 가져다줬다.

한국콜마의 도전은 멈추지 않았다. 2018년에 재무적투자자^{FI}와 함께 HK이노엔(옛 CJ헬스케어)을 1조 3100억 원에 인수하며 새우가 고래를 삼키는 역사를 써냈다. 한국콜마는 CJ헬스케어 인수를 위해 3600억 원을 투입했고 국내 사모펀드^{PEF} 운용사인 H&Q와 미래에셋PE, 스틱인베스트먼트 등 FI들이 총 3500억 원을 투자했다. 나머지 6000억 원은 인수금융으로 조달했다. 국내 30호 신약인 케이캡정 돌풍으로 2021년 8월 시가총액 1조 7000억 원으로 상장했다. FI를 적극적으로 활용한 덕분에 한국콜마는 시가총액 1조 원이 넘는 기업을 세 개나 보유한 중견그룹으로 거듭났다.

12

쿠팡: 미래를 읽는 선구자

풍요와 번성은 종종 제국의 몰락을 불러온다. 로마는 대제국을 건설했지만 풍요를 즐기다 내부의 문제로 무너져 내렸다. 점차 지킬 것이 많아지면서 새로운 변화를 거부하다 퇴보했다는 게 많은 역사학자의 분석이다. 중국 명나라도 마찬가지다. 조선술, 화약, 나침판 등 당시 첨단 기술을 바탕으로 정화 원정대를 꾸려 세계탐험에 나설 정도였다. 인도양을 건너 아프리카까지 진출했다. 하지만 탐험은 곧 중단됐다. 명 황제가 해외 진출의 필요성을 못 느끼고 현재의 제국에 만족하면서다. 이후 명의 혁신은 멈췄고, 산업은 뒤처져졌다. 20세기 초 세계 최강대국 중국이 열강들의 반식민지로 전락하게 된 주된 이유다.

이런 법칙은 기업에도 그대로 적용된다. 미국 기업 코닥의 사례가 대표적이다. 1888년 미국에서 설립된 코닥은 130년이 넘는 역사를 지녔다. 필름 시장의 선두주자로 발돋움했으며 1975년에는 세계 최초로 디지털카메라를 개발하기도 했다. 그러나 곧 코닥의 패착이 드러난다. 필름의 매출이 떨어질 까봐 디지털카메라의 상업화를 차일피일 미룬 것이다. 그 사이 디지털카메라 상용화에 나선 일본의 소니가 시장을 석권했다. 변화의 흐름에 늦은 코닥은 2012년 파산 보호를 신청하는 아픔을 겪었다. 영원할 것 같았던 코닥 제국이 일순간 무너지고 말았다.

휴대폰의 노키아와 TV의 제왕 소니도 마찬가지다. 2008년 한때 전 세계 휴대폰 시장의 41%가량을 차지했던 노키아는 기존 피처폰의 성공에 취해 스마트폰의 등장에 제대로 대응하지 못했다. 그러는 사이 스마트폰 시대의 패권을 애플과 삼성에 뺏기고 급격히 무너졌다.

소니는 1968년 브라운관을 특화한 '트리니트론'을 출시해 전성기에 진입했다. 1973년에는 사람이 아닌 제품 최초로 방송계의 아카데미상으로 불리는 에미상을 받기도 했다. 이런 대성공으로 2008년 3월 단종될 때까지 약 2억 8000만 대를 판매했다. 그러나 21세기에 들어서며 시장의 주류를 이루던 브라운관 방식 TV의 대항마로 LCD 등 평판 디스플레이 방식의 TV가 떠올랐다. 삼성, LG 등 국내 업체들은 일제히 LCD 시장에 뛰어들며 성공 가도를 달렸다. 반면 브라운관 TV의 미련을 버리지 못한 소니는 그만 몰락을 경험했다.

이미 성공을 맞본 대기업, 중견기업일수록 시대 변화에 기민하게 반응하기 어렵다. 기업마다 외부 환경에 빠르게 대처할 수 있는 조직구조를 만들지만, 기업의 체질을 완전히 바꾸기는 어렵다. 그러나 사모펀드는 시장 변화에 가장 민감하게 반응한다. 투자 성격상 5년~10년간 성장 모멘텀을 바라보기 때문에 기존의 기업 성공 방정식과 관성에서 벗어난다. 대신 투자할 기업을 한층 성장시킬 수 있는 새로운 전략에 주목한다. 같은 기업을 인수하더라도 사모펀드가 대기업보다 더 탄력적으로 성장 전략을 짜낼 수 있는 배경이다.

일자리 플랫폼에 주목한 잡코리아의 성공 전략 ————————

국내 사모펀드[PEF] 운용사인 H&Q는 국내 최대 온라인 채용정보 플랫폼인 잡코리아에 주목했다. 잡코리아는 IMF 여파로 구인·구직이 가장 큰 관심사로 떠오르자 온라인을 통한 채용정보 무료로 제공하는 서비스를 제공하며 성장한 회사다. 미국 몬스터월드와이드가 2005년 매출 100억 원 안팎의 벤처기업인 잡코리아를 1000억 원에 인수하며 국내 벤처기업의 성공 사례로 떠올랐다. 몬스터월드와이드는 2013년 미국 시장에서 경쟁사에 밀려 고전을 겪자 알짜 회사인 잡코리아 매각을 추진했다.

당시 잡코리아에 관심을 가진 곳은 대다수 PEF였다. MBK파트너스와 IMM프라이빗에쿼티 등이 경영권 인수를 추진했지만 소수 지분 매각을 원하는 몬스터 측의 입장으로 협상은 결렬됐다. MBK파트너스는 경영권 인수가 아니면 관심이 없다는 뜻을 전했다. 반면 H&Q는 기업과 구직자가 채용 정보를 교류하는 온라인 플랫폼 시장에 성장성이 있다고 판단했다. 이 부분의 투자에 더욱 확신과 의욕이 있었다. 이후 49.9% 지분을 950억 원에 사들이며 2대 주주에 올랐다. 2015년에는 몬스터 측이 마음을 바꿔 경영권을 매각하겠다고 하자 나머지 지분 50.1%를 약 1100억 원에 인수했다.

H&Q의 선구안은 적중했다. 국내 온라인 플랫폼 채용 시장은 최근 몇 년간 연평균 20%대의 성장세를 보였다. 코로나19 등 외부 충격에도 온라인 채용 시장이 확대되면서 매출과 영업이익이 꾸준히 증가했다. 성장은 단순히 온라인 시장의 확대로 이뤄진 결과물은 아니다. 그랬다면 후발주자에 따라잡혀 경쟁력을 잃는 일이 나타났을 것이다. 그러나 잡코리아는 40%대의 시장점유율을 기록하며 2위 업체인 사람인보다 두 배 높은 점유율을 보인다.

PEF만의 유연한 의사결정이 잡코리아의 폭발적 성장을 끌어냈다. H&Q는 기업을 인수한 후 관성의 법칙에서 벗어나는 일부터 시작했다. PC 기반이었던 플랫폼을 모바일 플랫폼으로 빠르게 바꿔 변화하는 소비 패턴에 조응했다. 당시 내부에서도 고객의 저항이나 기존 PC 기반 매출이 감소할 수 있다고 생각해 찬반 의견이 분분했다. 그러나 결정적으로는 변화의 물결에 먼저 올라타야 플랫폼 경쟁력을 유지할 수 있다고 봤다. 그 판단은 현재 회사 매출의 70% 이상이 모바일 기반에서 나올 정도로 적중했다.

마케팅 방식의 변화도 매출 성장의 밑바탕이 됐다. 당시 플랫폼 회사는 인터넷 기반의 퍼포먼스 마케팅을 주로 사용했다. 퍼포먼스 마케팅은 온라인에서 집행한 광고와 마케팅 도달률을 최대치로 끌어올릴 수 있도록 전략을 짜는 방법을 의미한다. 사업이 인터넷, 모바일에서 이뤄져 마케팅 효과를 측정하기 용이해 플랫폼 업체들이 주로 사용했다. 반면 전통 마케팅인 TV, 라디오, 옥외 광고는 효과성 측정이 어려워 배제되는 게 일반적 인식이었다. H&Q는 고객 외연을 넓히기 위해 잠재적 고객을 대상으로 한 TV 광고 캠페인에 집중했다. 마케팅 발상의 전환으로 고객층이 매년 20% 이상 증가하는 성과를 냈다.

고용 시장의 변화에도 탄력적 대응이 가능하도록 포트폴리오를 구축한 것도 강점이다. 정규직 채용정보 사이트인 잡코리아와 아르바이트 등 파트타임 채용을 중개하는 알바몬을 동시에 운영하고 있다. 풀타임, 파트타임 채용 플랫폼을 모두 보유해 국내 온라인 채용정보 시장에서 앞서 살펴봤듯이 40%대 점유율을 기록하고 있다. 플랫폼 업체이지만 지속해서 캐시카우 역할을 하는 것도 이색적이다. 1000억 원의 매출 중 상각전영업이익^{EBITDA}이 500억에 달한다. 이익률만 50%에 달하는 캐시카우다.

글로벌 PEF인 어피너티에쿼티파트너스는 2021년 5월 잡코리아 경영권을 9000억 원에 사들였다. H&Q는 경영권 인수 6년 만에 원금 대비 4.5배를 회수했다. 변화하는 고용 시장 트렌드를 겨냥해 과감하게 베팅한 PEF의 전략이 빛을 봤다.

의류 플랫폼의 시대를 알아본 IMM PE

2021년은 쿠팡의 해로 기록된다. 벤처기업에서 출발한 쿠팡은 '의도된 적자'로 시장 점유율을 키워왔다. 주문 다음 날 배송하는 로켓배송, 로켓프레시를 구축하며 국내 시장을 선점했다. 그렇게 쿠팡은 짧은 시간 동안 국내 소비 트렌드를 완전히 바꿨다. 이런 쿠팡의 잠재력을 알아본 곳은 대다수 해외 투자자들이었다. 소프트뱅크그룹이 이끄는 비전펀드를 비롯해 그린옥스캐피탈, 세쿼이아캐피탈, 블랙록 자산운용사, 투자자 윌리엄 애크먼 등이 꾸준히 쿠팡에 투자했다. 반면 초기 벤처캐피탈^{VC}의 투자를 제외하고 국내 투자자가 쿠팡에 유의미한 투자를 한 사례는 없다. 배송과 유통의 패러다임을 바꾼 쿠팡은 2021년 나스닥 상장에 성공했으며 첫날 100조 원의 시가총액을 기록했다. 세계 2위 메모리 제조업체인 SK하이닉스의 시가총액과 맞먹는 규모다.

국내 PEF가 단순히 실력이 없어서 쿠팡의 잠재력을 알아보지 못한 것일까. 단연코 아니다. 10% 이상 지분을 취득하더라도 이사 임명권을 얻지 못하면 투자하지 못하는 규제가 국내 PEF에만 적용된 탓이 크다. 국내 PEF는 이사 임명권을 받아야만 투자가 가능해 협상력이 떨어지는 문제가 발생했다는 것이 업계 관계자들의 공통된 설명이다. 그렇다고 모든 게 다 설명이 될까. 쿠팡의 나스닥 상장 전 10조 원 안팎의 기업가치에 구주 일부가 시장에 나왔다. 해외 투자자의 지분 매각이었지만 선뜻 나서는 PEF는 없었다.

이는 국내 PEF가 숫자에 민감한 탓이 크다. 아무리 유망한 기업이라도 수년간 적자 상태가 유지되어 온다면 투자처에서 제외한다. 투자자의 자금을 위탁 운용하는 만큼 손실 가능성을 최소화하기 위한 나름의 안전 장치다. 특히 플랫폼 업체는 담보로 잡을 수 있는 유형의 자산이 적어 웬만한 배짱 없이는 소수 지분 투자도 쉽게 결론을 내리지 못한다.

IMM프라이빗에쿼티는 이런 보수적 투자 문화를 깨고 플랫폼 업체 바이아웃을 결정했다. IMM PE가 낙점한 기업은 W컨셉코리아다. 이 회사는 2008년 설립된 온라인 편집숍이다. 온라인 편집숍이란 특정 제품의 다양한 브랜드를 모아서 판매하는 온라인 쇼핑몰을 뜻한다. 쿠팡, G마켓, 11번가 등은 거의 모든 상품을 파는 종합 인터넷 쇼핑몰이라면 온라인 편집숍은 특정 상품을 특화한 게 특징이다. 그중 W컨셉은 주로 20~30대 여성 소비자를 타깃층으로 삼아 의류, 구두, 액세서리 등을 판매한다. 2016년 매출 530억 원을 기록하며 잠재력을 보였지만 그간 적자를 보인 회사를

600억 원에 경영권을 사들였다.

W컨셉은 인수 초기에는 주로 젊은 여성 고객을 공략했지만 점차 남성 브랜드, 뷰티 영역으로 사업을 확장했다. 구매력 높은 중장년 여성들과 남성층으로까지 고객 기반을 넓히자 연간 거래액 GMV이 2017년 920억 원에서 2020년 2350억 원으로 크게 뛰었고, 연평균 40% 이상의 성장률을 보였다.

몇 년 사이 소비자들의 의류 구매 패턴이 오프라인에서 온라인, 그중에서도 패션 플랫폼으로 쏠리면서 기업 재평가가 이뤄졌다. 유통 대기업이 일제히 의류 플랫폼 회사에 눈독을 들이며 인수에 발 벗고 나선 것이다. IMM PE가 2021년 초 매각에 나서자 신세계, 롯데쇼핑, CJ ENM, SK텔레콤, 무신사 등이 인수전에 참여했으며 최종적으로 온라인 이커머스 '쓱닷컴(SSG닷컴)'을 운영하는 신세계그룹이 2650억 원에 사들이기로 했다. IMM PE는 투자 3년 반에 원금의 4배를 벌어들였다.

W컨셉 매각 이후 패션 플랫폼에 대한 시장의 관심은 최고조에 달했다. 한번 밀리면 끝이라는 심정에 유통, IT 기업들은 큰 패션 플랫폼 기업을 인수하기 위한 움직임이 분주하게 일어났다. 카카오는 패션 플랫폼 지그재그를 운영하는 크로키닷컴을 8500억 원에 품었다. 패션 전문 플랫폼 1위 업체 무신사는 대형사들이 공격적인 투자를 하자 스타일쉐어, 29cm를 3000억 원에 지분스왑(보유지분을 서로 맞교환하는 것) 방식으로 인수했다.

IMM PE는 3년 반 전에 시장 변화를 눈여겨보고 빠른 투자로 큰 수익을 올렸다. 즉 기존 경영 문법과 사고방식에 얽매이지 않고 철저히 트렌드 분석으로 접근해 성공적인 투자를 했다. 이처럼 PEF의 힘은 바로 유연한 사고와 빠른 투자에서 나온다.

13

공차: 가치를 만드는 유연한 사고

잉글랜드 축구 클럽 리버풀은 '한 끗'의 역사를 지녔다. 전통의 강호지만 우승의 문턱에서 번번이 좌절했다. 스티븐 제라드, 루이스 수아레스, 페르난도 토레스 등 세계적 스타가 팀에 즐비했지만 프리미어리그 우승은 이루지 못했다. 해법은 천문학적인 투자도, 스타플레이어의 유무도 아닌 팀을 이끄는 지도자에게서 나왔다. 감독 위르겐 클롭은 독일 2부 리그에서 선수 생활을 하며 별다른 주목을 받지 못했지만 지도자로 변신한 후에는 특유의 게겐 프레싱(강한 전방 압박) 전략을 통해 세계 최고 거장으로 거듭났다. 독일 분데스리가에서 2회 우승을 한 뒤 2015년 리버풀의 감독이 됐다. 수비수 반다이크와 골키퍼 알리송을 영입하고 세계적인 스타플레이어 대신 본인의 철학을 구현할 수 있는 선수들을 기용했다. 분명한 자기 색깔이 구축되자 챔피언스리그 우승(2019년), 프리미어리그 우승(2020년)을 거머쥐었다.

축구 팬이라면 한 번쯤 들어봤을 이야기를 길게 풀어 놓은 이유는 사모펀드의 투자와 클럽의 성공 스토리가 비슷하기 때문이다. 잠재력 있는 기업, 국내 최고가 될 수 있는 기업이지만 새로운 경영철학이 없으면 성공하기 어려운 곳들이 꽤 있다. 사모펀드는 이런 기업들을 발견해 성공 스토리를 꾸준히 써왔다. 글로벌 PEF 운용사 어피너티에쿼티파트너스는 SK텔레콤으로부터 디지털 음원 유통사인 멜론을 운영하는 로엔엔터테인먼트를 인수한 뒤 2년 만에 카카오에 매각했다. 그사이 얻은 차익금은 1조 4000억 원에 달한다. 한류 열풍에 주목해 음원 시장 강자라는 타이틀 대신 다수의 엔터테인먼트를 사들여 회사를 완전히 탈바꿈해냈다.

글로벌 PEF인 콜버그크래비스로버츠^{KKR} 역시 LS엠트론 동박 사업부(현 KCFT)을 3000억 원에 사들여 2년 만에 SKC에 재매각했다. 매각가는 무려 1조 2000억 원이었다. 내연기관에서 전기차로 시장이 빠르게 재편될 것으로 보고 2차전지용 전지박 핵심 원료 수년 치를 신속하게 확보해 다른 기업보다 빠르게 성장했다. 앞서 살펴봤던 어펄마캐피탈의 코오롱워너앤에너지 인수 후 SK그룹에 1조 원에 매각하며 대박을 터트린 EMC홀딩스도 대표적인 투자 케이스다. 어떤 이들은 국내 기업들이 기업가치를 인지하지 못하고 싼값에 기업을 내다 팔았다고 말한다. 그러나 감독이 바뀌지 않은 기업이 같은 성과를 낼 수 없는 것은 스포츠 세계뿐만 아니라 경제 시장에서도 마찬가지로 통용된다. 기업과 달리 PEF는 독창적인 투자 전략으로 새로운 성장동력을 만드는 데 특화돼 있다.

그렇다고 이들이 기업 경영자보다 모든 면에서 우월하다는 뜻은 아니다. 맨체스터 유나이티드의 알렉스 퍼거슨 감독(재임 기간 27년)이나 아스날의 아르센 벵거 감독(재임 기간 22년)은 오랜 기간 팀을 최정상으로 이끌었다. 사모펀드는 수십 년 기업을 운영하는 데는 아직 실력이 입증되지 않았다. 다만 짧은 시간 내에 기업을 바꾸려면 이들만 한 감독은 없다.

'공차'로 하버드 교재에 실린 유니슨캐피탈

요식업은 성공하기 어려운 영역으로 꼽힌다. 국민 간식인 치킨, 커피 등 일부 업종을 제외하면 장수생을 찾기 쉽지 않다. 먹거리에 대한 입맛이 빠르게 변하고 장사만 되면 너도 나도 뛰어들어 과당경쟁으로 몰리는 구조적인 취약성 탓이다. 우리 기억 속에 사라지거나 희미해진 업체들은 수없이 많다. 2000년대 초, 찜닭 가게들이 전국 곳곳에 자리를 잡았지만 이제는 인기가 한풀 꺾였다. 같은 시기에 아이스크림 전문점 캔모아, 아이스베리, 레드망고도 이제는 추억의 이름이 되었다.

2007년 혜성처럼 나타난 카페 로티보이는 '번 열풍'을 주도하며 빠르게 성장했다. 칼로리가 낮고 식사 대용이 가능해 20~30대에게 관심을 받았지만 트렌드의 변화로 발길이 뜸해졌고 결국 2012년 부도가 났다. 밥 버거, 스몰비어 업체들도 깜짝 열풍 이후 이전보다 거리에서 쉽게 찾아보기 어려운 현실이다. 인기 음료인 커피 시장도 생존이 쉽지 않다. 스타벅스, 투썸플레이스, 할리스 커피 등 상위 업체들은 꾸준히 성장하고 있지만 그 외에는 사정이 다르다. 카페베네의 몰락이 대표적이다. '토종 커피 신화'로 불린 카페베네는 출발한 지 5년 만에 매장 수가 1000개를 넘었지만 현재는 300개 수준으로 줄었다. 2018년에는 기업회생절차(법정관리)를 신청하며 존폐 기로에 서기도 했다.

이런 업황의 변동성 때문에 프랜차이즈는 'PEF 투자의 무덤'으로 불린다. 숱한 투자 사례 속에서 성공한 케이스는 VIG파트너스의 버거킹, MBK파트너스의 BHC 등에 불과하다. 그중에서도 유니슨캐피탈은 역발상을 통해 성공 사례를 만들었다. 이제 그 과정을 살펴보자.

밀크티 프랜차이즈 공차는 대만에서 탄생했다. 국내에서는 가정주부인 김여진 씨가 2012년 국내 판권을 얻어내 공차코리아를 설립하며 첫발을 내디뎠다. 대만식 밀크티가 큰 인기를 끌자 유니슨캐피탈은 2014년 10월 지분 70%를 360억 원에 인수했다.

유니슨캐피탈은 인수 초기부터 내실화와 글로벌 확장에 초점을 맞췄다. 직영점 중심의 사업 전략으로 가맹점 리스크를 최소화하고 맛의 균질성을 확보하는 전략을 세웠다. 매각 전 공차의 매출 중 가맹사업 비중은 30%에 불과했다. 대신 직영점과 해외 가맹점 로열티를 통해 수익을 키웠다.

식음료 트렌드가 빠르게 변하는 만큼 위험성을 줄이기 위해 국내 매장을 늘리기보다는 다른 국가로 진출하는 것을 노렸다. 2015년 대만 본사를 설득해 일본 프랜차이즈 사업권을 따냈다. 차 문화가 발달한 일본 소비자들이 몰리면서 진출한 지 3년 만에 7개 직영점과 17개 가맹점을 둘 만큼 성장했다.

2016년 뚜렷한 성과가 가시화되자 인수하기 전부터 그려왔던 전략을 꺼내 들었다. 대만 공차 본사를 인수하기로 한 것이다. 유니슨캐피탈은 공차코리아를 인수할 당시 대만 본사인 로열티타이완의 창업주들이 기업공개^{IPO}를 추진한다는 소문을 들었다. 유니슨캐피탈은 이를 매각 의사가 있다는 신호로 받아들여 투자 초기부터 대만 본사 인수를 고려했다.

그 해 로열티타이완이 유상증자를 추진하자 150억 원을 투자해 지분 35%를 확보했다. 이듬해에는 IPO를 추진하던 창업자들을 설득해 지분 34%를 200억 원에 사들였다. 이렇게 유니슨캐피탈의 공차코리아가 한국과 일본, 대만 등 3개국 직영 사업과 16개국 마스터 프랜차이즈 사업을 하는 공차 본사를 모두 소유하는 구조가 완성됐다. 유니슨캐피탈은 공차코리아의 2018년 연결 매출이 1168억 원, 상각전영업이익^{EBTIDA}이 320억 원으로 확대되며 캐시카우의 면모를 갖추자 매각에 착수했다.

2019년 유니슨캐피탈은 미국 PEF인 TA어소시에이츠에 공차코리아를 3500억 원에 매각했다. 투자 원금 대비 여섯 배가량의 수익을 거뒀다. 대단한 성과를 거두자 미국 하버드대 경영대학원 HBS은 공차의 경영 스토리를 케이스 스터디(사례 분석) 교재로 선정했다. 국내 PEF의 거래 성과가 교재로 실린 것은 이번이 처음이다. 프랜차이즈 사업을 국내에 국한하지 않고 적극적인 해외 진출과 지사가 본사를 인수하는 역발상으로 기업가치를 극대화했다.

골프채의 성공, 마제스티골프

사모펀드 운용사 오케스트라프라이빗에쿼티는 2017년 코스모그룹으로부터 골프채 브랜드 마제스티를 수입·판매하는 마루망코리아를 약 800억 원에 인수했다. 인수 대상은 마루망코리아(현 마제스티골프코리아) 지분 100%와 마루망 일본 본사(마제스티골프) 지분 29%다. 당시 신생 PEF였던 오케스트라PE는 코스모그룹이 2년 전 재무구조 개선을 위해 재무적투자자FI에게 매각한 자회사 코스모앤컴퍼니와 코스모화학을 되사오기 위해 매물로 내놓자 빠르게 기회를 포착했다.

오케스트라PE는 골프 시장의 확대에 발맞춰 마제스티의 높은 브랜드 가치를 제대로 활용하면 높은 성장성을 보일 것으로 분석했다. 이를 위해 유니슨캐피탈이 공차 투자에서 보여준 본사 인수 전략을 그대로 수행했다. 우선 대만 합작 파트너의 보유지분 51%를 인수해 마루망타이완을 100% 자회사로 만들었다.

일본 본사 지분도 계속 사 모았다. 2018년 3월 마루망 일본 본사 지분을 51%까지 높였으며 2019년 8월에는 공개매수를 통해 자스닥 상장폐지 절차에 착수했다. 일본은 한국보다 자진 상장폐지 요건이 낮다는 것에 주목해 초기부터 이런 전략을 모색해왔다. 한국은 최대 주주가 지분 95%를 보유해야 상장폐지의 기본요건을 충족한다. 반면 일본 자스닥은 80%대에도 상장폐지를 추진할 수 있다. 공개매수로 지분율이 85.6%로 확대되자 2019년 12월 25일 정기주주총회를 통해 지배주주의 주식매도 청구권을 승인받아 이듬해 상장폐지를 이뤘다.

지배구조가 단순화되면서 조직 효율성과 사업 확장에 본격적으로 나섰다. 한국 법인의 레저 사업과 일본 법인의 헬스케어 사업 등을 과감히 정리하며 선택과 집중에 나섰다. 인수 당시 30개에 달했던 브랜드를 마제스티골프 4개 라인을 주축으로 통합했으며 회사명도 '마제스티'로 변경했다. 일본 본사는 200명의 인력을 120명으로 감축했고, 생산 원가 절감과 공장 효율화에 나섰다.

오케스트라PE는 본사 경영권을 확보한 후 골프의 대중화에 맞는 마케팅 전략을 수립했다. 고가의 골프채라는 인식이 강해 시니어용 골프클럽으로 주목받았지만 골프 인구가 젊은 층, 여성으로 확대되며 변화가 요구됐다. 마제스티는 '서브라임', '프레스티지오', '로열' 등 기존 라인업에 '컨퀘스트 블랙' 라인을 추가했다. 타깃은 가성비를 따지는 30~40대 층을 겨냥해 가격을 낮추면서 고반발 기능이 접목된 골프채를 만든 것이다. 여기에 저가 브랜드인 마루망을 통해 골프 시장에 새로 진입하는 초보 골퍼를 공략했다.

골프채 라인업이 확대되자 실적도 빠르게 개선됐다. 2018년 580억 원이었던 매출은 지난해 808억 원으로 39.3% 늘었다. 같은 기간 매각 가격 산정 기준이 되는 조정 상각전영업이익^{EBITDA}은 94억 원에서 228억 원으로 확대됐다. 코로나19 확산으로 거리두기가 가능한 골프로 사람들이 몰리면서 골프 산업이 초호황에 진입했다. 골프용품 업체들 역시 실적 상승에 따른 몸값이 계속 치솟고 있다.

오케스트라PE는 기업가치 제고를 성공적으로 마친 2021년 마제스티골프 매각을 성공적으로 끝냈다. 동종업계(피어그룹)로 꼽히는 세계 3대 골프용품 업체 아쿠쉬네트와 캘러웨이는 최근 주가로 산정한 멀티플이 15~20배 수준이다. 국내 PEF인 센트로이드인베스트먼트가 1조 9000억 원에 인수하기로 한 테일러메이드 역시 15배 수준의 멀티플을 인정받았다. 이를 마제스티골프 가격 산정에 적용하면서 기업가치 3000억 원 가격을 받고 매각을 결정했다. 3년 반 만에 원금 기준 3.5배가량의 수익을 올렸다. 기존에 복잡하게 얽힌 마제스티의 지배구조를 단순화하고 고객 대상을 다각화한 기업 성장 전략이 적중했다. PEF의 유연한 사고와 성장 전략이 두드러진 투자 사례다.

14

스타플레이어를 발굴하는 스카우트 능력

워런 버핏은 '월가의 현인'으로 통한다. 가치투자라는 전략으로 평생 연 20%대 수익률을 기록했다고 한다. 증시의 변동성을 고려하면 그의 판단력은 예언가를 떠올리게 한다. 그런 그도 "투자를 후회한다"고 했던 적이 있다. 2013년 '크래프트 치즈'와 '하인즈 케첩' 등으로 유명한 미국 대형 식품기업 크래프트하인즈에 투자했다 주가가 급락하면서 3조 4000억 원의 손실을 보았다. 『월스트리트저널^{WSJ}』은 크래프트하인즈의 부진을 '보다 신선하고 건강한 식품을 선호하는 소비자가 늘어나면서 대형 식품기업 제품이 지역 식품업체와 소규모 영업장 제품에 밀리고 있다'고 분석했다. 그도 사람이었던 것이다.

세계 최고의 투자자도 종종 실수하는데 하물며 일반인들은 어떨까. 국내 투자은행[IB]에서 잔뼈가 굵은 전문가들도 종종 큰 손실을 본다. 그렇다면 손실을 최소화하기 위한 방법은 무엇일까. 수천 년 쌓여온 귀납법에서 힌트를 찾을 수 있다. 속담은 조상들의 삶의 경험 중 검증된 것들이 입에서 입을 통해 내려온 삶의 지혜다. 중국 속담에 '갖바치 세 명이면 제갈량을 이긴다'는 이야기가 있다. 아무리 뛰어난 제갈량이라고 하더라도 구두 수선쟁이 세 명의 머리를 당해낼 수는 없다는 뜻이다. 결국 집단지성을 통해 위험을 제거하는 게 투자의 성공 비결이다.

이런 측면에서 사모펀드[PEF]의 투자는 집단지성의 산물이다. 적어도 3단계를 거쳐 최종 투자가 결정된다. 우선 PEF의 운용인력이 투자 기업을 선정하고 협상을 한다. 투자 대상과 가격이 산정됐다면 이제 투자자[LP]들을 설득해야 한다. PEF가 투자금을 모을 때 처음으로 만나는 파트너는 각 연기금, 공제회, 금융기관의 투자부서 인력이다. 대체투자의 큰손인 MG새마을금고중앙회의 경우 하루 수십 건의 투자 요청서가 켜켜이 쌓인다. 이제 옥석 가리기가 시작된다. 많은 투자 건 중에 일부만 그들의 눈높이를 통과해 다음 단계로 넘어가는 기회를 얻는다.

각 기관은 투자심의위원회를 구성해 투자 리스크를 최소화한다. 내외부 전문 인력을 배치해 혹여 있을 위험 투자를 걸러내는 역할을 한다. 프로젝트펀드의 경우 평균 10곳 이상의 LP를 유치한다. 투자 한 건을 성사하는 데 적어도 100여 명 이상의 동의를 받아야 일이 이뤄질 수 있다. 그 기간은 빠르면 반년 늦으면 수년도 걸린다. 그 때문에 PEF가 선택해 투자하는 곳은 실패 확률이 낮으면서도 성장성이 높다.

돈이 몰리는 곳은 이유가 있다, 성과 좋은 PEF 투자

워런 버핏은 연 20%의 수익률을 올려 세계 최고의 반열에 올랐다. 그렇다면 국내 경영참여형 PEF의 성과는 어떨까? 배기범 케이핀 자산운용 대표와 이준서 동국대학교 교수는 2005년부터 2016년까지 134개 펀드, 35조 6200억 원의 투자금의 실적을 분석했다. 그 결과 투자금 회수가 완료된 청산 펀드의 평균 내부수익률[IRR]은 10.57%였다. 일부 PEF 운용사는 놀라운 성과를 보여줬다. IMM은 6개의 펀드를 청산해 평균 20.06%의 IRR을 기록했다. 스카이레이크 역시 5개 펀드를 청산 평균 IRR 15.6%를 기록했다.

아직 투자, 회수, 미 청산 등의 단계에 있는 곳까지 합하면 IRR은 6.12%로 내려간다. 투자기업의 가치를 증대시키는 밸류업 작업이 마무리되지 않은 탓이다. 결국 국내 PEF는 매년 워런 버핏의 절반 정도의 성과를 낸다는 게 숫자로 증명됐다. 이는 채권, 주식 시장보다 높은 성과로 PEF 시장이 지난 10년간 800% 이상 커진 이유가 자연스레 설명된다.

다른 연구 결과도 비슷하게 나왔다. 글로벌 대체투자 리서치

기관 프레킨^{Preqin}이 한국사모펀드운용사협의회 등과 함께 발표한 '한국 사모주식 펀드 성과에 대한 초기 분석' 자료에 따르면, 벤처 투자나 메자닌, 스페셜시츄에이션(부실기업 대출)을 제외한 국내 순수 사모주식 PEF는 매년 10% 이상의 IRR을 기록했다. 61개 펀드가 조상 대상이다. 2009년에 조성된 펀드의 평균 IRR은 11.1%이며 2010년(13.5%), 2011년(14.9%), 2012년(10.3%), 2013년(11.9%), 2014년(20.4%), 2015년(17.1%) 등 준수한 성과를 기록했다.

PEF가 투자할 때 기업의 숫자와 함께 주목해 보는 것이 투자 기업 오너의 평판이다. 아무리 좋은 기업도 오너 리스크가 발발하면 한순간 경쟁력을 잃을 수 있기 때문이다. 여기에 PEF가 이사회에 진입해 내부 통제 시스템을 강화해 부실, 부정의 싹을 처음부터 잘라낸다. PEF는 단기차익을 목적으로 하는 기업이 아닌 기업 본질가치를 끌어올리는 것을 목적으로 한다. 때문에 기술개발^{R&D}과 우수인력 유치 등 기업의 경쟁력을 올릴 수 있는 투자에 주목한다. 가능성 있는 기업을 더욱 좋은 회사로 탈바꿈한다.

이런 투자 사례는 셀 수 없이 많다. 글랜우드프라이빗에쿼티와 NH PE가 인수한 동양매직의 성공사례를 살펴보자. 1985년 동양시멘트의 기계사업부로 출범한 SK매직(옛 동양매직)은 가스레인지, 오븐레인지, 전기레인지 등 주방가전 사업과 정수기, 공기청정기, 비데 등의 생활환경 가전 렌탈사업을 하는 회사다. 동양그룹의 계열사였지만 동양그룹이 법정관리를 신청하면서 매각 대상이 됐다.

당시 신생 PEF인 글랜우드프라이빗에퀴티는 NH PE와 함께 동양매직 인수에 뛰어들었다.

한앤컴퍼니, 현대홈쇼핑 등 쟁쟁한 경쟁자들이 싼값에 렌탈 회사를 인수하려고 할 때 조금 높은 가격을 베팅해 새 주인이 됐다. 기업가치 제고 작업을 진행하면 1위 렌탈사업자 코웨이를 추격할 수 있다고 분석했다. 경쟁자보다 조금 높은 3000억 원에 동양매직을 사들였다.

인수 후 가전사업부와 렌탈사업부를 분리해 각 사업 부문장이 개발부터 마케팅까지 전 과정을 담당하도록 체제를 바꿨다. 선택과 집중 전략도 실시했다. 수익성이 낮은 제품을 과감히 정리하고 직수형 슈퍼 정수기라는 신제품에 주력했다. '현빈 정수기'라고 불린 이 정수기는 세균 번식 우려가 있는 저수조를 뺀 형태로 큰 인기를 끌었다. 사물인터넷[IOT] 기술 기반의 공기청정기 등을 시장에 내놓으면서 추가 성장 동력을 마련했다.

한편 기업 효율성을 제고하면서도 인위적 구조조정은 피했다. 오히려 방문판매 및 사후 서비스를 담당하는 매직케어[MC] 인력을 자회사인 동양매직서비스에서 본사로 이동시켰다. 인수 당시 500여 명가량이던 MC 인력은 2015년 2100명까지 늘었다. 조직 안정을 꾀하고 사람 중심의 성장을 이끄는 것이었다. 2016년 3월에는 정부로부터 '고용 창출 대한민국 100대 기업'에 선정되기도 했다.

가능성 있던 동양매직은 PEF의 손을 거치면서 우량기업으로 거듭났다. 2014년 50만 개 수준이던 렌탈 개정은 2016년 매각 당시 100만 개에 근접하여 코웨이에 이어 2위에 올라섰다. 렌탈 비즈니스는 현금 창출력이 높은 사업으로 재무적투자자^{FI, Financial Investors}뿐 아니라 전략적투자자^{SI, Strategic Investors}들도 군침을 흘리는 사업으로 꼽힌다. 동양매직의 실적 크게 개선되자 여러 원매자들이 인수에 관심을 기울였다. CJ, SK, 현대백화점뿐만 아니라 IMM PE, 스틱인베스트먼트, 베인캐피탈, 칼라일그룹 등 쟁쟁한 국내외 PEF가 대거 도전장을 내밀었다. 가장 인수 의욕이 높았던 SK네트웍스가 6100억 원에 동양매직을 인수하기로 했다. 2년 반 만에 투자원금의 2배 이상을 회수했으며 IRR(내부수익률)은 37%에 달한다.

미래 성장성에 주목한 PEF ─────

삼성, SK하이닉스 등 국내 굴지의 기업에 대해 '좋은 기업'이라고 평가 내리는 것에 이견이 있을 수 없다. 수십 년간 실적으로 성과를 입증해왔기 때문이다. 반면 중소기업의 경우는 사정이 다르다. 상장사, 비상장사 가릴 것 없이 '죽음의 계곡'을 넘는 소수의 기업이 시장의 주요 플레이어로 발돋움한다. 중소기업에 대한 투자를 앞두고 PEF가 주로 보는 것은 기술력과 함께 기업 구성원의 평판이다. 횡령, 배임 등 범죄 가능성이 없으면서도 기업 성장을 위해 전력투구하는 기업가 정신이 있는 곳에 과감히 베팅한다.

PEF는 적게는 수십 명에서 많게는 수백 명의 동의를 받아 하나의 투자를 성사시킨다. 다른 이들을 설득하기 위해선 본인이 직접 모든 의구심을 해소하고, 성장 가능성을 입증해내야 한다. 그 때문에 엄격한 옥석 가리기를 거친 투자는 성공할 확률이 매우 높다. 투자 전문가들의 눈높이를 통과한 것만으로도 이미 좋은 기업인 셈이다.

몇 가지 투자 사례를 살펴보자. 최근 SK그룹이 미래 먹거리로 낙점해 경영권을 인수한 전기차 충전기 제조업체 시그넷이브이는 대표적인 투자 성공사례 꼽힌다. 시그넷이브이는 대우중공업 출신의 황호철 대표가 1998년 세운 글로벌 2위 전기차 충전기 제조사다. 2016년 말 시그넷시스템으로부터 전기차용 충전기 제조 사업 부문이 인적 분할되어 설립됐다. 2018년 350kW 초급속 충전기를 개발해 세계 최초로 미국 인증을 획득했고 현대차, 기아, BMW, 포드, 폭스바겐, 닛산 등에 전기차 충전기를 납품하며 경쟁력을 인정받았다.

시그넷이브이는 코넥스 시장에 상장된 기업이지만 2018년만 하더라도 대규모 투자는 시기상조라는 판단이 지배적이었다. 전기차 시장은 아직 진입단계에 불과했으며 어느 정도로 보편화될지 불확실하다는 우려가 시장의 대체적인 시각이었다. 지금은 테슬라 등 전기차를 쉽게 찾아볼 수 있지만 그때는 갓 초창기 단계였다. 내연차(내연기관차)가 아닌 자동차를 상상하기 힘든 시기였다.

좋은 기업은 숨길 수 없다. 능력과 재주가 뛰어난 이는 드러나기 마련이라는 낭중지추가 딱 맞는 기업이 시그넷이브이였다. 2018년 한 신년 오찬 모임에 LP로 참여하면서 기술력과 성장성을 두루 갖춘 시그넷이브이라는 기업을 소개받았다. 이후 회사를 살펴보니 전기차 충전기를 만드는 업체를 넘어 대용량의 충전을 안전하게 할 수 있는 기술력을 통해 글로벌 표준을 세울 수 있는 회사라는 판단이 들었다. 다만 사업 초창기로 수익성이 나오지 않고 재무구조가 열악했다. 실력 있는 재무 주치의를 붙여준다면 글로벌 최상급 기업으로 성장할 수 있다고 봤다. 이 분야에 관심 있고 실력이 탄탄한 리오인베스트먼트에게 이런 곳을 투자해야 한다고 소개하니 그 운용인력들의 눈이 휘둥그레졌다.

사실 리오인베스트먼트도 물밑에서 시그넷이브이와 투자 논의를 진행해왔던 것이다. 다만 복잡한 구조와 해결해야 할 이슈가 많아 투자를 망설이던 찰나에 LP로부터 확신을 얻었다. 이런 우연이 겹치자 투자 논의에 속도가 붙어 300억 원 규모의 유상증자에 참여하고 구주 일부를 매입해 총 500억 원을 투자했다. 이 펀드의 전체 투자금 중 70%에 해당하는 350억 원은 새마을금고가 책임지고 출자했다.

예상보다 빨리 전기차 시장이 열리자 이 회사는 성장의 날개를 달았다. 매출은 2016년 51억 원에서 2020년 619억 원으로 4년 만에 12배가 증가했다. 매년 수십억 원의 당기순손실을 입었지만 실적개선으로 2020년에는 15억 원의 당기순이익을 올렸다. SK그룹은 전기차 시장을 대비하려는 포석으로 리오인베스트먼트가 보유한 시그넷이브이 전환우선주 262만 주 가운데 162만 주를 810억원에 인수하고, 2100억 원의 유상증자에 추가로 참여했다. 리오인베스트먼트는 2년 4개월 만에 보유하고 있는 지분 60%를 원금의 4배 넘는 가격에 매각하며 성공적으로 투자금을 회수했다. SK그룹이 시그넷이브이를 강소기업으로 키워 코스닥 시장으로 이전 상장하면 더 높은 수익을 올릴 수 있다.

다른 투자 사례로는 렌탈 플랫폼 기업 BS렌탈이 있다. BS렌탈은 2011년 맥쿼리파이낸스코리아 한국 대표를 지낸 전용우 대표가 독립해 설립한 회사다. 전 대표뿐 아니라 주요 임원진 대부분이 카드사 등 금융사 출신으로 렌탈 상품 설계에 강점을 지니고 있다.

BS렌탈은 제품의 제약 없이 모든 상품을 렌탈화할 수 있다는 렌탈플랫폼의 특성을 활용해서 고속 성장을 이어왔다. 다수의 제조회사를 발굴, 제품을 렌탈형태로 기획, 홈쇼핑·온라인 쇼핑몰 등을 통해 판매하는 구조다. 처음에는 홈쇼핑 채널을 통해 노트북이나 데스크톱 컴퓨터 등을 빌려주는 서비스로 출발했고, 이후에는 가격이 높지만 한 번쯤 써보고 싶은 물건을 렌탈 상품으로 개발해 시장에 내놓았다. 흙 침대, 반신욕기, 탈모 치료기, 디지털피아노, 커피머신 등이 인기를 끌었으며 LED 마스크가 소위 대박을 터트리면서 단기간 내에 렌탈 플랫폼 1위 업체로 성장했다. 2015

년 148억 원의 매출을 올리던 회사는 2018년 1006억 원의 매출을 기록하며 성공 가도를 달렸다.

하지만 투자유치는 만만치 않은 과제였다. 렌탈 플랫폼 사업 자체가 생소한데다 자사 제품을 기반으로 하지 않아 트렌드 변화에 취약하다는 평가를 받았다. 에스티리더스PE는 2018년 초 이 기업에 투자를 추진했지만 LP 모집에 난항을 겪었다. 중소기업 발굴에 강점을 지닌 기업은행과 손을 잡으며 힘겹게 200억 원의 메자닌 투자에 성공했다.

투자 이후 BS렌탈이 급속히 성장한데다 렌탈 플랫폼 분야의 경쟁력이 부각되면서 기업 재평가가 이뤄졌다. 플랫폼 렌탈업계 1~2위 업체인 BS렌탈과 모두렌탈은 모두 PEF를 새 주인으로 맞이했다. BS렌탈은 캑터스PE-대신PE 컨소시엄이 지분 80%를 약 800억 원에 사들였다. 에스티리더스PE는 투자 당시보다 2배 높은 밸류에 매각해 IRR 39.5%라는 우수한 성과를 기록했다.

마지막으로 3D 커버글라스 제조업체 제이앤티씨[JNTC]의 사례를 살펴보자. JNTC는 스마트폰에 들어가는 강화유리와 커넥터(전자부품을 상호 연결)를 제조하는 회사다. 2014년 세계 최초로 3D 커버글라스를 개발한 뒤 삼성의 '갤럭시노트4 엣지'에 독점 공급해 주목받았다. LX인베스트먼트는 2015년 JNTC의 구주 10.3%를 150억 원에 매입하고, 450억 원의 신규 발행 전환사채[CB]를 인수했다. 2017년까지 기업공개[IPO]를 조건으로 하는 투자를 했으며, 조건 미이행 시 풋옵션을 행사할 수 있는 권리를 가졌다.

　그러나 삼성전자의 스마트폰 '갤럭시 노트7'의 폭발사고가 발생하면서 코스닥 상장이 무산되는 아픔을 겪었다. JNTC는 2016년 말 코스닥 상장을 추진했지만, 수요 예측이 기대치에 미치지 못하면서 철회했다. LX인베스트먼트는 풋옵션 행사 조건을 얻었지만, JNTC의 잠재력과 성장성을 믿고 CB를 보통주로 전환했다. 회사의 성장 가능성을 믿고 끝까지 기다려 준 것이다. JNTC는 '소부장' 산업으로 부각되며 2020년 3월 코스닥 시장에 상장했다. LX인베스트먼트는 4년 만에 IRR은 10% 후반대를 기록했다.

PEF의 본질은 대출이 아닌 투자다

사모펀드 투자는 통상 에쿼티(지분)로 이뤄진다. 고수익을 추구하지만 그만큼 손실 위험을 동반한다. PEF 운용사들은 자주 진땀 나는 상황에 직면하며 그 문제를 풀기 위해 동분서주하는 일도 빈번하다. 위기의 고개를 넘어서야만 고수익의 엑시트(투자금 회수)를 달성할 수 있다. 산전수전을 겪은 PEF 운용자들은 한결같이 본인의 투자 케이스가 한 권의 책이 될 수 있다고 말한다. 그만큼 최고의 운용사도 절대 안심할 수 없는 것이 PEF 투자다.

17년 동안 이뤄진 국내 사모펀드 투자의 역사가 이를 가감 없이 보여준다. 보고펀드는 국내 첫 토종 사모펀드PEF 중 하나다. 재정경제부 금융정책국장을 지낸 변양호 대표와 리먼 브러더스 한국 대표 출신의 이재우 대표가 2005년 공동 설립하며 주목을 받았다. '보고^{VOGO}'는 해상왕 장보고에서 따온 명칭으로 외국 자본이 주름잡던 한국 PEF 시장에서 토종 펀드의 실력을 보여주자는 의미를 담았다. 실제 보고펀드는 설립 이후 국내 최고 운용사 반열에 올랐다. 2006년 인수한 화장실 비데 업체 노비타는 3년 뒤인 2009년 약 2000억 원의 수익을 남기고 투자금을 회수했다. 2009년 투자했던 BC카드 역시 2년 만에 2000억 원가량의 차익을 얻었다. 2012년 인수한 버거킹은 3년 뒤 인수 가격의 두 배를 받고 홍콩계 사모펀드인 어피너티에 매각했다. 보고펀드는 설립 9년 만에 약정액 2조 원 규모를 달성하며 성공 가도를 달렸다.

승승장구할 것만 같았던 보고펀드는 뜻하지 않은 어려움에 직면한다. 보고펀드는 2007년 아이리버를 600억 원에 인수했다. 마이크로소프트 창업자인 빌 게이츠가 2005년 세계 최대 가전 쇼^{CES,} Consumer Electronics Show에서 아이리버의 MP3플레이어를 최고 혁신 제품이라고 극찬할 만큼 잠재력이 있는 회사로 판단해 경영권을 사들였다. 그러나 이듬해 불어올 게임체인저를 예측하지 못했다. 바로 애플의 스마트폰이 전 세계를 강타한 것이다. 스마트폰은 휴대폰 기능을 넘어 필요할 때마다 게임기와 MP3, 영화관, TV로 변신한다. 애플리케이션만 있으면 내비게이션, 디지털카메라, 계산기, 신용카드, 교통카드 등 생활에 필요한 전자기기로 변모한다. 스마트폰이라는 블랙홀이 가전제품들을 모두 흡수해버린 것이다. 새 주인을 만난 MP3의 강자 아이리버는 변화의 파고 속에 휘말려 힘

없이 무너져 내렸다. 속절없이 지속된 적자를 겪다 결국 2014년 SK텔레콤에 300억 원에 매각됐다. 원금의 절반을 회수한 것이 다행이라면 다행이다.

LG실트론 투자도 마찬가지다. LG실트론은 태양광 사업을 주력으로 한때 1000억 원 이상의 영업이익을 올렸으며 신재생 에너지 산업의 성장으로 기업가치가 높아질 유망 기업으로 분류됐다. 2007년 보고펀드와 KTB PE가 함께 LG실트론 지분 49%를 7100억 원에 인수했다. 이 과정에서 우리은행, 하나은행 등 채권단으로부터 2200억 원 규모의 인수금융을 받았다. 그러나 2008년 글로벌 금융위기 이후 태양광 산업이 크게 위축되면서 LG실트론의 실적이 급격히 악화했다. 인수금융 디폴트 등이 발생하며 어려움을 겪기도 했지만 2017년 SK그룹에 매각하면서 다행히 인수금융 원금은 회수했다.

이런 실패 사례는 보고펀드에만 국한되지 않았다. 갓 태동기를 지나 성장기로 접어들 때 투자 실패 사례가 집중적으로 발생했다. 투자의 거인도 모든 투자에 성공하지는 못했다. MBK파트너스가 1000억 원을 투자한 영화엔지니어링은 인수 3년 만에 법정관리 신청을 했다. H&Q가 800억 원을 투자한 에스콰이어(현 이에프씨)도 법정관리를 신청했으며 2008년 MBK파트너스와 맥쿼리가 인수한 국내 4위 유료방송 사업자인 씨앤엠(현 딜라이브)은 디폴트 위기에 직면하기도 했다. 구조조정 투자의 강자 케이스톤파트너스 역시 2016년 국내 플랜트 제조업체 알펙에 300억 원을 투자했지만 이듬해 회사가 법정관리를 신청하는 아픔을 겪었다. 담보를 잡아 놔 원금 회수는 가능하지만 회수 기간이 장기화되고 있다.

국내 최고 운용사들도 한 차례 산통을 겪는 데 대다수 PEF라고 사정이 다르지는 않다. 물론 국내 PEF의 역사가 길어지면서 이런 실패 사례는 줄어들고 있다. 실패를 반면교사 삼아 같은 형식의 투자를 피하는 방식을 습득하면서 '지지 않는 게임'을 확대한 덕분이다. 성장기를 넘어 성숙기에 접어들면서 투자 노하우도 쌓였다. 그런데도 PEF 투자는 안전한 대출이 아닌 손실 가능성이 있는 고수익 투자다. 언제든 손실 가능성이 발생할 수 있다는 점을 명심해야 한다.

승률 높이는 승부사로 진화

'실패는 성공의 어머니.' 진부한 시쳇말처럼 들릴지 몰라도 사모펀드 투자 역사를 보면 이 말이 딱 맞아떨어진다. 장밋빛 미래만 놓여 있는 것처럼 보인 사모펀드 투자는 예상치 못한 실패를 경험하며 한 단계씩 진화해왔다. 실패와 손실 가능성을 낮추고 위기의 순간에도 성장의 길을 찾는 방법들을 모색했기 때문이다.

MBK파트너스는 조 단위 빅딜을 코웨이, 오렌지라이프, 대성산업가스를 연달아 매각해 국내 1등 PEF로의 위상을 공고히 했다.

코웨이의 내부수익률[IRR]은 26%를 기록했으며 오렌지라이프(27%), 대성산업가스(32%) 등도 연타석 홈런을 기록하며 성장 산업 투자는 인수 밸류에이션이 무색하다는 것을 여실히 보여줬다.

골프 시장의 확대를 눈여겨보고 선제적으로 시장을 공략한 전략도 눈에 띈다. 선진 시장으로 넘어가는 과정에서 골프장에 투자하는 것은 확실한 성공 방정식이 쓰인 영역이다. 2000년대 초반 골드만삭스는 일본에서 골프장 30여 개를 인수한 후 2006년 아코디아골프라는 법인을 설립했다. 이후 골프장 사업이 다시 반등하자 약 1조 원에 이르는 투자 차익을 남기고 아코디아골프 지분을 매각했다. 골드만삭스의 성공을 눈여겨본 MBK파트너스는 2017년 1월 아코디아 골프를 전격 인수했다. 이후 넥스트 골프 매니지먼트(구 오릭스 골프 매니지먼트)를 인수하는 등 볼트온 작업을 착실히 수행했다. 아코디아 골프는 일본 전역에 170개 이상의 골프장을 소유하거나 운영하고 있으며 시장 점유율은 12%로 1위를 기록했다. 골프 시장을 선점하면서 기업가치는 빠르게 치솟았다. 일본의 소프트뱅크 그룹의 포트리스인베스트먼트가 2021년 11월 4조 284억 원(4000억 엔)에 아코디아 골프를 사들였다. MBK파트너스가 투자한 금액이 8000억 원 후반대라는 점을 고려하면 굉장한 수익을 올린 것이다.

MBK파트너스는 국내에서도 같은 전략을 구사했다. 스크린골프 1위 사업자인 골프존과 손을 잡고 골프존카운티를 설립했다.

골프장 M&A에 적극적으로 나서 2020년까지 19곳의 골프장을 사들였다. 코로나19로 골프 내장객이 증가하면서 국내 대중제 골프장의 영업이익률은 30~40%대까지 높아졌다. 현재 캐시카우 역할을 하면서 지분 가치가 크게 높아져 투자금을 회수할 시 일본처럼 높은 수익을 가져다줄 것이다.

이런 성공 사례는 비단 MBK파트너스에만 국한되지 않는다. 국내 대다수 PEF들의 포트폴리오 기업들은 법정관리 신청 같은 아픔이 크게 줄어들고 안정적인 투자금 회수를 이루고 있다. 모두 투자 경험치가 높아진 영향이며 기관투자자[LP]들의 눈높이 역시 강화된 영향이다. 국내 자본시장 플레이어의 역량이 갈수록 높아지고 있어 국내 PEF의 실패는 지속해서 줄어들 것이다.

16

사모펀드^{PEF} 시장은 축구로 빗대면 손흥민 선수가 뛰는 프리미어 리그와 같다. 프리미어 리그는 세계에서 내로라하는 축구 선수들과 감독들이 모여 있으며 스포츠 세계에서 쉽게 찾아보기 어려운 천문학적인 자금이 오간다. 조기축구회는 물론 국내 K리그와도 비교할 수 없을 정도로 수준이 높다. 그런 곳에 일반인을 참가시키는 것은 예정된 패배를 만드는 것과 같다. PEF 제도도 마찬가지다. 일반인들은 상장지수펀드^{ETF}나 상장지수채권^{ETN} 같은 파생상품은 물론 메자닌, 에쿼티 투자도 낯설어한다. 복잡한 수학 공식으로 구성된 투자 모델과 환매 중지의 위험성을 인지한 투자자는 금융권에 종사한 이를 제외하고는 극히 드물 수밖에 없다. 이 때문에 PEF 제도는 일반 투자자를 대상으로 하지 않는다. PEF 제도 자체도 기관투자자나 소수 개인만 참여할 수 있도록 투자자 수를 49인 이내로 제약을 뒀다. 2021년 10월부터는 그 대상이 49인에서 100명으로 확대됐다.

즉 사모한정을 기본 원칙으로 삼았다. 복잡한 금융상품을 이해하고 정보 비대칭성에 빠지지 않는 이들만 PEF에 참여시키도록 설계했다. 고수익-고위험 상품인 만큼 투자의 책임은 모두 개인, 기관들이 감수한다. 이는 투자의 관점에서 보면 너무 상식적인 이야기다. 그렇다면 국내를 떠들썩하게 한 라임 사태는 왜 수많은 투자자가 피해를 봤던 것일까. 유명한 연예인을 비롯해 노후 자금을 넣어놓은 일반인까지 피해자가 광범위하게 발생했다. 라임펀드 사태 이후 옵티머스, 젠투 등 헤지펀드에서도 같은 문제가 발생했다. 이는 투자 실패와 투자 사기가 교묘하게 맞물리면서 자본시장에 충격을 가져온 사건이다.

사모펀드는 기업 경영권을 목표로 장기 투자를 하는 경영참여형 PEF 제도가 먼저 도입되었다. 2004년 첫 제도 도입 이후 빠르게 성과를 냈으며, 주 투자자는 국민연금, KIC, 교직원공제회 등 연기금, 공제회들이다. 은행, 새마을금고, 보험사, 캐피탈사 등 금융권도 주 투자자에 이름을 올렸다. 기관투자자들만을 대상으로 소수 LP를 구성하면서 운용사^{GP}에 대한 전문적 통제가 가능했다. 국내 기관투자자가 한정적인 만큼 이들의 눈 밖에 나면 GP의 생명력도 끝이 난다. 투자자 보호 규제가 없어도 LP에 의한 GP의 자율적 통제가 작동했다.

그러나 한국형 사모펀드 제도를 채택하면서 예고된 참사를 불러왔다. 글로벌 금융위기로 IB 시장에 대한 불신감이 높아진 가운데 국제적 수준의 금융 환경을 조성하는 목적으로 2011년 한국형 헤지펀드가 도입됐다. 2015년에는 전문 투자형 사모펀드(일명 헤지펀드)와 경영참여형 사모펀드^{PEF}로 정체성이 확립됐다. 자본시장법 개정이 글로벌 기준과 달리 내부적 이해관계 속에 '한국형 사모펀드' 제도가 잉태했다. 그 결과 투자 방식으로 펀드 제도를 분류하는 유일한 국가가 됐다.

그러나 규제가 완화된 헤지펀드에서 사고가 발생했다. 금융당국은 2015년 사모펀드 투자금 기준을 5억 원에서 1억 원으로 대폭 낮췄다. 등록제를 채택하면서 10억 원만 있으면 운용사를 세울 수 있도록 진입장벽을 낮춘 것이다. 이때 수백 개 사모펀드 업체가 생겨났으며 펀드는 1만 개를 돌파했다. 돈이 된다는 이야기가 커지면서 사모펀드 자산은 단기간 내에 400조를 넘어섰다.

사모펀드가 국민적 열풍으로 확대된 데는 헤지펀드를 도입하며 사모한정주의 원칙을 지키지 않은 탓이 크다. 개인투자자가 LP로 쉽게 참여할 수 있도록 진입장벽이 낮아졌다. 펀드 감독 전문성이 없는 개인들로만 이뤄진 사모펀드는 투자 부실이나 자금 오용 등에 노출될 가능성이 더욱 커진다. 다수의 파편화된 탐욕스러운 사모펀드 운용사가 이러한 기회를 틈타서 부정을 저지르게 됐다.

더 큰 문제는 49인 이하로 구성된 사모펀드가 수천 명의 투자자를 갖게 되는 허술한 구조라는 점이다. 자본시장법상 사모펀드는 49인 이하로 되어있으며 그 숫자가 넘어가면 공모펀드다. 공모펀드는 투자자 보호를 위해 규제가 엄격한 반면 사모펀드는 투자자에게 책임을 지우는 대신 자율성을 보장한다.

그런데 은행과 증권사 판매창구에서 사모펀드 지분의 판매가 허용되어 다수의 개인투자자에게 판매가 이뤄졌다. 여기에 재간접펀드 Fund of funds 출자가 허용되면서 모ᵐ펀드-자ᶠ펀드 구조마저 나타났다. 49인의 모펀드가 자식을 두고 49인씩 더 모으면 모펀드 투자자 수는 계속 증가한다. 이 과정을 거치면 무늬는 사모펀드이지만 성격은 사실상 공모펀드가 된다. 사모한정주의가 깨지고 개인들로 구성된 LP가 구축되자 일부 탐욕스러운 운용사가 이런 허점을 이용해 부정을 저지르는 경우가 나타났다. 이런 사모한정주의의 붕괴가 라임 사태의 본질이다. 그 때문에 문제를 해결하려면 본래의 사모펀드 제도로 되돌아가야 한다. 다행히 2021년 사모펀드 분류체계가 6년 만에 개편되면서 이런 폐해는 곧 사라질 것이다. 먼저, 개인이 투자하는 '일반 사모펀드'의 규제를 대폭 강화하고 '기관 전용 사모펀드'는 자율성을 대폭 확대한다. 국민연금을 비롯한 연기금, 공제회 등의 자금을 받아 운용하는 기관 전용 사모펀드는 불필요한 규제가 대부분 사라졌다. 이번 개편으로 투자자를 기반으로 사모펀드를 분류하는 국제적 기준을 갖추게 되었다.

3장
사모펀드를 이끄는 변화의 주역들

17

기관투자가로 살아가기

일반적으로 직장생활을 하든 자영업을 운영하든 본인이 속한 업계 외의 사람이나 기업을 접하는 일은 드물다. 그런데 매주 새로운 산업과 기업을 접하고 국내외에 소재한 회사에 방문해 대표이사 등 주요 임원들과 마주하며 회사 현황에 대한 브리핑을 듣기도 하고 제조공정 등을 살펴볼 수 있는 직업이 존재한다. 바로 '투자자LP'라고 불리는 기관투자가라는 직업이다.

자본시장에서는 출자기관을 LP^Limited Partner라고 부르며 그 기관에 속해 투자 또는 심사 업무를 담당하는 직원들을 통상 'LP'라고 부른다. 자본시장과 소통을 통해 이뤄지는 출자업무는 결국 담당자인 사람이 하고 있어 그렇게 통칭하여 부르는 것으로 판단된다. LP들은 알려진 것보다 더 큰 권한을 가지고 있다. 적게는 수십억 원에서 많게는 수천억 원에 이르는 자금을 굴리는 큰손이기에 그 돈을 투자받기를 원하는 기업들과 만나 기업의 경영을 논할 수 있는 막강한 권한을 지니고 있다. 그만큼 큰 책임을 가지는 것도 사실이다.

투자 결과가 좋지 않아 기업이 파산하거나 투자금을 회수하지 못할 상황이 되는 경우 담당자는 상당한 압박을 받는다. 기관 내부의 관리 부서에서 요청받아 모니터링 결과 보고서를 지속해서 제출해야 한다. 더 나아가 해당 기관을 감독하는 상급 기관에게 감사받는 과정에서 투자 프로세스에 문제가 없었는지 집중적인 추궁을 받을 수 있다.

이처럼 큰 책임이 따르는 직업 특성상 LP의 업무 성향은 보수적인 편이다. 막대한 투자 차익을 거둬 높은 성과를 내더라도 일반적인 기관의 특징은 제한된 수준의 경영성과급을 받는 데 그친다. 그에 비해 투자 실패로 인한 책임과 불이익은 훨씬 큰 탓이다. 그 때문에 투자 건을 선택할 때도 높은 수익성보다는 원금 회수의 안정성을 더 중요하게 생각한다. 투자 건을 진행하는 과정에서도 절차와 규정을 준수하는 부분에 결벽증을 갖는 수준까지 신경을 쓰다 보니 함께 일하는 운용사^{GP, General Partner}들은 비효율적으로 느끼기도 한다.

그렇다면 LP로서 어떻게 일하는 것이 바람직한 기관투자자의 모습일까? 무거운 책임 아래 수동적인 투자로 운용수익률이 저조하고 소극적인 기관이라는 이미지가 형성되어 좋은 투자 건을 제안받지 못하는 악순환에 빠질 것인가, 아니면 투자의 본질에 맞게 안정적이고 높은 수익률을 추구하며 자본시장의 주요 파트너이자 키 플레이어로 활약해 기업들의 좋은 협력자가 될 것인가. 이에 대해 LP로 일 잘하는 방법이 무엇인지 짚어보고자 한다. 그전에 어떤 기관들이 자본시장에서 활약하고 있는지 알아보자.

자본시장의 큰손들

주식시장에서 통용되는 상식 중에 개미투자자가 투자할 때 기관이나 외국인 투자자 투자와 반대로 움직이면 손해를 본다는 말이 있다. 이는 기관이나 외국인이 큰손이기 때문에 큰 흐름을 만들고 이를 거스르지 않는 것이 좋다는 뜻이다. 그러나 최근 한국 주식시장에서는 특이한 현상이 나타나고 있다. 동학개미, 서학개미가 활약하며 큰손인 기관의 수익률을 조막손인 개인투자자들이 일시적으로 압도한 일이 생겼다. 하지만 기업과 기관들의 활동무대인 자본시장에서는 그런 일이 일어날 수 없다. M&A 시장이나 채권시장, 대체투자 시장은 규모 혹은 거래단위, 주요 참여자들의 구성 자체가 다르기 때문이다.

이전에는 기관투자자들이 자금을 운용하는 주요 활동무대는 전통 자산이라 할 수 있는 채권시장과 주식시장이었다. 그러나 최근 들어 국내외 주요 기관들은 자산운용의 안정성과 수익률을 증가시키기 위해 대체투자를 적극적으로 활용하고 있으며 포트폴리오 내 대체투자 자산 배분 비중을 과감하게 확대하고 있다. PEF, 부동산, 인프라 자산으로 기관의 자금이 수백억에서 수천억이 투자되고 있다. 국내 기관들은 대체투자 자산 초기 투자의 성공적인 투자금 회수 경험을 통해 자신감과 노하우를 갖게 되면서 대체투자 운용조직을 대폭 확대했다. 이런 시장은 한 건의 투자 건을 시작하고 마무리하기까지 수많은 이해관계자가 참여해야 하는 특성이 있다. 그렇기에 기관들의 독무대라고 할 수 있다.

자본시장의 큰손으로 활약하고 있는 기관은 크게 연기금, 공제회, 중앙회, 보험, 증권, 은행, 캐피탈 등으로 나눌 수 있다. 연기금에는 대표적으로 국민연금이 있고, 공제회에는 사립학교 교직원 공제회, 군인공제회 등이 있다. 중앙회에는 새마을금고중앙회, 신협중앙회, 농협중앙회 등이 활동하고 있다. 기관별로 조달되는 자금의 성격과 규모에 따라 운용방식과 요구수익률의 수준이 상이하다. 기관에서 자금을 집행하는 LP나 기관 자금을 펀딩하려는 GP General Partner는 이런 특성을 이해하고 일하는 것이 자본시장 현업에서 종사하는 사람에게 기초라고 할 수 있다.

또한 향후에는 학교 기금, 정부 기금 등 비영리단체가 신규 투자자로 자본시장에 유입될 것으로 내다보고 있다. 사립학교, 각종 기금이 직면한 기금운용 환경의 급격한 변화와 함께 장기 저금리 추세가 지속되고 있기 때문이다. 이런 상황에서 경쟁력을 확보하기 위해서는 성장하는 영역인 대체투자를 하지 않을 수 없다. 미국 등 선진 금융시장에서는 이미 하버드, 예일, 프린스턴 같은 사립학교가 사채를 발행하여 조달한 자금으로 PEF를 비롯한 대체투자 시장에서 활발한 자산운용을 하고 있다.

향후 제도적으로도 정부 기금, 퇴직연금, 학교 재단 등이 기관투자가 범위에 포함되도록 개선될 것으로 보여 이들 기관의 PEF 출자의 길이 열릴 것이다. 그에 따라 더욱 다양한 기관들이 LP로 참여하며 LP들의 자본시장에서의 역할도 더욱 커질 것이다.

자본시장의 참여자들

TV 오디션 프로그램을 보면 천재 싱어송라이터라 부를 정도로 뛰어난 재능을 지닌 신인 가수가 등장하는 것을 종종 보게 된다. 가수 장범준 같은 경우는 벚꽃 연금이라고 할 정도로 저작권 수입이 엄청나다고 한다. 한편으로는 방탄소년단[BTS]처럼 철저한 기획과 팀에 의해서 글로벌 스타로 우뚝 선 경우가 있다. 기획사라는 틀 안에서 수많은 작곡, 작사가, 안무, 의상, 영상 제작, 글로벌 홍보 등 각 팀이 참여해서 만들어진 결과라고 볼 수 있다. 주식 또는 부동산 시장에서 투자 고수라 불리는 사람들이 장범준 같은 싱어송라이터라면 대체투자 시장은 기획사와 BTS의 시장이라고 볼 수 있다. 특히 PEF 시장에도 이와 마찬가지로 수많은 이해관계자가 참여해 자본시장의 BTS인 유니콘 기업을 발굴하고 성장시키기 위해 전문가로 역할을 하고 있다.

국내 그룹사나 기업들이 회사를 매각하려고 하면 BOA메릴린치, 골드만삭스, 모건스탠리 등 국내외 증권, 은행 등의 M&A 부서 또는 회계법인 또는 로펌 M&A 자문 부서에 매도해 줄 것을 의뢰한다. 마치 부동산 사무소에 집을 내놓는 것과 같은 원리이다. 다만 기업의 경우 매도 자문과 매수 자문을 하는 곳이 다른 것이 차이점이다.

앞서 H&Q의 잡코리아 매각 사례에서는 모건스탠리 조상욱 대표가 매도 자문을 맡아 딜을 성공적으로 이끌었다. 의뢰받은 기업을 비싼 값에 팔리도록 해당 자문사에서는 티저레터™, 투자설명문IM을 잘 만들어서 시장에 배포하게 된다. 이를 매수하고자 하는 기업은 적정 가격에 인수하고자 매수 자문사를 선정한다. 그렇게 거래가 성사되면 매수, 매도 양측에서 선정한 법률자문사 즉 로펌이 등장해 양측의 입장에서 매매 계약서를 작성하고 거래 최종일에 양측 변호사 입회하에 거래를 종결하게 된다. 대표적으로 김앤장 법률사무소, 법무법인 율촌, 태평양 등이 주요 M&A 건 자문을 수행하고 있다. 이들은 GP와 기업을 연결해주는 윤활유 역할을 한다.

우리가 집을 사거나 전세를 얻을 때 은행에서 대출받듯이 PEF가 기업을 인수하는 경우에도 대출을 일으켜서 돈을 빌린다. 그런 자금을 '인수금융'이라고 하며 도이치뱅크, 골드만삭스, 신한은행, KB은행 등이 국내외 기업 인수금융 시장에서 주요 주선기관으로 활약하고 있다. 인수금융만 전문적으로 취급하는 운용사들도 있다. 하나대체투자자산운용, 파인스트리트자산운용, 타이거대체투자운용, 보고펀드자산운용이 인수금융 전문펀드를 운용하며 M&A 시장의 한 축을 담당하고 있다.

일반적으로 개인들의 아파트 매매 때 집을 잠깐 보여주는 것과 달리 최종 계약에 앞서 3주 내외의 대상기업 실사 기간을 제공한다. 이때 회계법인이 재무, 세금, 가치 실사를 진행하고, 로펌이 회사의 계약관계 등 거래 과정과 이후의 다양한 이슈에 대한 법률 실사를 진행한다. 또한 산업에 대한 이해가 필요한 기업의 경우 컨설팅 회사가 전략컨설팅 CDD, Commercial Due Diligence 을 진행해 산업구조와 해당 기업의 경쟁력 분석 등을 수행한다. 인수 이후에는 기업가치 제고 과정에서 룩센트 등과 같은 인수 후 통합 PMI 전문 컨설팅 회사가 투입되어 기업을 진단하고 전략을 수립하는 운용업무를 함께 수행하기도 한다.

과거와 달리 PE가 기업의 매수 또는 매도의 주체가 되어 활약하는 경우가 많아졌으며 PEF를 운용하는 GP가 IM을 작성해 LP

에 설명하고 자금은 모으는 과정에서 실사 자료와 재무 모델을 제공하게 된다. 이를 토대로 LP 내부에서는 법무, 심사, 준법부서에서 내용을 심의, 심사, 의결하는 과정을 거치며 최종적으로 PEF의 정관을 날인하고 설립하는 과정을 거쳐 거래가 종결된다. 이처럼 거래 한 건에도 여러 이해관계자가 참여하는 프로세스가 촘촘히 진행된다.

인수나 투자할 당시 비상장이었던 기업을 상장시키는 경우 증권사의 주식자본시장^{ECM}부서 내 기업공개^{IPO}팀에 의뢰를 한다. IPO팀에서 상장을 추진하고 이 과정에서 증권거래소에 심사를 받아 최종적으로 상장을 한다. 또한 기업들은 정기감사를 받아야 하고 세무신고를 해야 한다. 증권사의 리서치부서의 애널리스트들은 기업들을 평가하여 리포트를 낸다. 한국신용평가 같은 신용평가사에서는 기업의 신용등급을 분석하여 리포트를 낸다. 또한 『더벨』, 『매일경제』 레이더M, 『한국경제』 마켓인사이트, 『서울경제』 시그널 같은 M&A 전문 매체에서 기업의 동향을 취재하여 기사를 쓴다.

18

자본시장의 든든한 자금줄 ────────

국내 PE 알케미스트와 그래비티는 외국계 펀드가 소유한 비메모리 반도체 업체인 매그너칩 반도체를 인수했다. 이때 소요된 인수자금은 4000억 원이 넘는데 출자한 LP 구성은 다음과 같다. 투자금액의 반은 SI(전략적투자자)인 SK하이닉스에서 출자받았고 나머지 절반은 FI(재무적투자자)인 새마을금고중앙회로부터 출자를 받았다. 당시 SK하이닉스는 추후 매그너칩 반도체 인수를 염두에 두고 출자를 진행했으며 이를 위해 극소수의 투자자로 펀드를 구성하고자 했던 PEF에 든든한 지원군 역할을 새마을금고중앙회가 맡았다. 이로써 SK하이닉스는 비메모리 반도체 회사 인수의 기반을 마련하게 되었다. 이 딜로 새마을금고중앙회는 8% 이상의 양호한 수익률을 거둘 것으로 보인다.

또 다른 국내 독립계 PE 센트로이드 인베스트먼트는 세계 3대 골프용품 업체인 테일러메이드를 글로벌 경쟁자들을 따돌리고 약 1조 9000억 원에 인수하는 파란을 일으켰다. 당시 센트로이드는 막대한 인수자금을 프로젝트 펀드로 모집해야 하는 숙제가 있었으나 국내 증권사들의 총액인수 주선 참여에 힘입어 인수를 확정할 수 있었다. 통상적으로 증권사들은 최종 투자자인 LP들의 출자 가능성을 높게 판단해야 총액인수 주선을 진행하기 때문에 테일러메이드 인수 딜의 이면에는 보이지 않는 손으로 LP가 역할을 했다. 새마을금고중앙회는 인수 협상을 시작한 초기부터 적극적인 참여 의사를 밝히며 3500억 원의 출자를 결정했다.

최근의 두 사례뿐만 아니라 수많은 중견기업과 그룹사들이 재무적으로 어려움을 겪을 때 LP들은 투자를 통해 구조조정을 하는 데 자본시장에서 역할을 해오고 있다. GP들이 자본시장의 스타플레이어로 부각되며 활동하고 있다면 LP들은 보이지 않는 손으로 조용하고 묵직하게 움직이고 있다. 사실상 숨은 딜 메이커 역할을 하는 셈이다.

두산그룹의 경우 솔루스, 모트롤, 인프라코어, 엔진 등 계열사들을 PEF에 매각하며 차근차근 구조조정을 진행해가고 있다. 코오롱그룹의 코오롱화이버 매각, 웅진그룹의 코웨이, 북센 매각 등을 통해서 그룹은 재무 여력을 확보했다. LP들은 국내 PEF에 출자하여 높은 이익을 거뒀다. 이 사례들은 우량한 국내 기업들이 해외에 매각되는 것을 국내 자본의 힘으로 지킨 케이스라고 할 수 있다. 그리고 과거 IMF나 금융위기 당시 해외자본에 매각되었던 자산을 국내 자본이 되사온 케이스도 존재한다. 한국유리공업은 과거 세계적인 유리 제조회사 생고뱅에 팔렸다가 토종 글랜우드PE가 다시 사온 좋은 사례다. 글랜우드PE는 다시 2021년 12월 LX그룹에 투자 원금 두 배인 6000억 원에 매각하며 국내 경제에 선순환 효과를 냈다.

또한 LP들은 기업들이 성장하는 과정에서 필요한 그로스캐피탈Growth Capital 자금을 지원하며 든든한 조력자 역할을 하고 있다. 최근 우리나라의 3대 먹거리라고 할 수 있는 반도체, 배터리, 바이오 분야에서 LP들의 투자가 큰 역할을 하며 성장을 이끌었다. 반도체, 배터리 분야의 소재, 부품, 장비에 대한 투자를 미래 성장성을 보고 투자해준 것이다. 대표적으로 2차전지 소재인 양극재를 제조하는 에코프로비엠은 부족한 생산설비를 확보하기 위해 여러 PEF에게 투자금을 받아 증설에 성공한 뒤 세계적인 기업으로 도약했다. 바이오 분야에서는 셀트리온이 대표적이다. IMM인베스트먼트에게 투자받아 공장 증설과 임상, 글로벌 영업을 확대하는 데 집중하여 역시 글로벌 기업으로 성장했다.

지금까지 살펴본 사례들은 기업의 M&A 또는 성장을 위한 투자과정에서 PEF가 역할을 한 경우다. 이런 거래의 표면에는 PEF의 GP가 전면에서 역할을 수행하기 때문에 GP가 부각되고 드러나게 마련이다. 그러나 그 이면에는 GP와 함께 투자 의사를 결정하기 위해 고민하고 필요한 자금을 투자한 LP들이 존재하며 실질적인 PEF의 의사결정은 특히 프로젝트 펀드의 경우 LP들 중심으로 이루어진다. LP들은 이처럼 보이지 않는 손으로 자본시장의 든든한 버팀목 역할을 하고 있다.

자금 조성과 운용의 이해

대한민국 LP라 불리는 기관들은 어떤 방식으로 펀드나 투자 건을 선택할까. 기관투자가들은 사실 GP들이 메일로 발송해온 투자설명문만 읽어도 혹은 미팅을 통해 10분만 설명을 들어도 투자를 할지 말지 쉽게 결정한다. 그것은 기관투자가들이 특별한 예측이나 전망하는 능력이 있어서가 아니라 투자 담당자가 속한 기관의 특성에 기인하는 측면이 크다. 최종 투자가 이루어지기까지 기관별로 거쳐야 하는 내부 프로세스가 있기 때문에 즉시 투자 여부를 결정하진 못하지만 최소한 담당자가 속한 기관에서 투자할 수 있을지 없을지는 판단할 수 있다. 예를 들어 내가 속한 기관은 상대적으로 목표 수익률이 낮은 편이어서 높은 수익성보다는 원금을 지킬 수 있는 안정성을 더 중시하는 측면이 있다. 그런데 GP가

스타트업 투자를 제안하거나 또는 생소한 다른 나라의 4차 산업을 제안하는 경우 아무리 기대수익이 높아도 투자를 진행하기 어려운 측면이 있다.

이처럼 기관별 자금의 성격과 특성을 이해하는 것이 그 자금을 투자하는 기관에 속한 담당자들이나 이를 투자받아 운용하려는 GP에게는 기본 중의 기본이라고 할 수 있다. 6개월 혹은 정해진 짧은 기간에 자녀 학자금이나 주택자금을 마련하려는 사람은 변동성이 큰 주식투자보다는 확정된 금리를 제공하는 정기예금 등에 안정적으로 자금을 예치하려 할 것이고 여유자금이나 노후 자금을 운용하려는 사람은 그 목적과 성향에 따라 자금을 운용하는 것을 생각하면 이해하기 쉬울 것이다. 기관 자금의 운용도 규정과 기준을 갖추고 있다는 것을 제외하고는 기본적인 속성은 동일하다. 내가 속한 중앙회 같은 기관의 특성을 예로 들면 새마을, 농협, 신협중앙회 등은 일선 금고, 지역농협 등이 예치하는 자금이 운용자금의 원천이며 일선 금고 등이 예치하는 금리 수준이 최근에는 1~2%로 역사적으로 봐도 낮은 수준이다. 중앙회는 그 정도 금리 수준으로 조달을 해서 3%대 운용수익률만 지속해서 낼 수 있다면 안정적인 경영을 해나갈 수 있다. 그렇기 때문에 무리하게 리스크를 감당하는 투자를 할 이유가 없다.

물론 기관 전체 포트폴리오 구성을 위해서는 확정 금리의 국공채부터 위험자산인 주식을 비롯해 최근 몇 년 사이 비중이 높아진 대체투자에 이르기까지 전략적 자산 배분이 이루어져야 한다. 중앙회, 공제회, 연기금은 조달한 자금을 운용하여 수익을 내서 회원 또는 국민에게 이자를 더해 돌려주어야 하며, 은행, 증권, 보험, 캐피탈, 저축은행을 비롯한 금융업은 돈을 융통해서 수익을 내는 사업모델을 가지고 있기 때문에 자금의 조달과 운용에 기초해서 사업이 돌아간다. 조달금리가 낮으면 낮은 운용수익률만 거두면 되고 반대로 조달금리가 높으면 높은 운용수익률을 달성해야 수익을 낼 수 있다. 그런 측면에서 낮은 조달구조를 갖춘 기관에서는 안전자산의 비중이 높으며 자산 클래스(주식, 채권, 대체투자 등 분류) 내에서도 안정성 높은 개별자산의 비중이 일반적으로 높다. 앞서 중앙회가 벤처캐피탈^{VC} 펀드를 포트폴리오 구축 측면에서는 일부 투자하더라도, 단일 스타트업 기업에 자금을 투자하지 않는 이유가 거기에 있다.

시중 은행은 예대마진으로 충분히 수익을 내는 구조이고 일부 자산만 운용하며 그것도 채권 등 안전자산과 유동성 자금으로 굴린다. 중앙회들은 조금 더 높은 조달금리를 갖고 있으나 여신만으로 운용수익을 맞추기 어렵기 때문에 채권, 대체 등 자금 운용을 적극적으로 한다. 연기금, 공제회의 경우는 은행이나 중앙회보다는 목표수익률이 상대적으로 높고 회원들에게 배당 등을 돌려줘야 하므로 현금흐름을 중시한다. 그렇기 때문에 주식이나 대체투자 비중이 더 높은 편이며 그 중 해외투자 비중도 높다. 한편 보험사의 경우 장기성 자금의 특성이 있어 대체투자 중에서도 인프라 자산 등 비중이 높은 편이다. 또한 캐피탈과 저축은행의 경우에도 자산운용을 적극적으로 하고 있으며 높은 조달금리를 넘어서는 운용수익을 거두기 위해 비상장주식, PEF, VC 출자 등의 비중을 높이 가져가는 특성이 있다.

이처럼 기관들은 조성된 자금 성격에 따라 운용을 하는 시스템을 갖추고 있다. 기관의 담당자들은 그 기준으로 운용자산에 투자해야 한다. 기관에서 주니어 운용역(펀드매니저)으로 일하게 된 담당자들은 본인이 속한 기관의 조성자금의 특징과 운용의 시스템을 이해하고 포트폴리오가 어떻게 구축되었는지 이해하는 것이 중요하다. 그리고 그 기관들로부터 펀딩을 받으려는 GP들은 딜 소싱을 하는 단계에서부터 그 딜을 마무리하기 위해 필요한 펀딩의 상대방, 즉 어느 기관에서 출자를 받아야 할지 고민하면서 딜 구조를 짜고 투자설명서[IM]를 작성하는 전략이 필요하다. 또한 그 운용자금의 목적지인 기업 측면에서 보면 비상장기업이 사모 시장에서 기관 자금을 원활하게 유치하고 성장을 지속하는 데 필요한 동력을 얻으려면 운용기관을 단순히 자금을 빌리는 대출 주선기관으로 상대하는 게 아닌 기관들과 파트너십을 갖고 자본시장과 신뢰관계를 쌓는 것이 궁극적으로는 기업 성장에 유리하다.

좋은 기업이나 투자안을 선택하고 자금을 운용하여 높은 성과를 내는 것을 바라는 마음은 LP나 GP나 이심전심이다. 다만 LP들이 결정적으로 다른 점은 단지 높은 수익에 따라 움직이지 않는다는 점이다. GP는 운용성과를 토대로 성과보수를 받는 것이 목표가 되어야 한다. 그것이 그 기능과 본질에 충실한 것이기 때문이다. 그러나 LP들은 개인 성과급을 받기 어려운 조직구조이며 기관별 특성 또한 그렇다. 기관투자가로 일하는 나 개인적으로는 높은 성과급에 비중을 두는 것이 꼭 바람직하진 않다고 본다. 그래야 안정성을 기반으로 조직의 자금 조성과 운용의 적절한 균형 속에 시스템을 유지할 수 있을 것이고 무리한 투자를 하지 않을 것이기 때문이다. 그것을 방지하기 위해 각 기관은 투자자 프로세스가 체계화됐으며 리스크관리, 투자심사, 컴플라이언스, 감사에 이르는 내부통제 기능이 있다. 최근에는 금융당국에서도 기관 전용 펀드를 별도로 만들어 운용하도록 제도를 만들어 가고 있다. 이런 제도하에서 기관으로부터 자금을 위탁받아 운용하는 GP들은 자본시장에서 주요 플레이어로서 어느 정도 인정을 받은 것으로 볼 수 있으며, LP들은 이렇게 자본시장 조성자로서 중요한 역할을 하고 있다.

LP 출신이나 경제 관료 출신들이 GP로 나가는 경우도 늘고 있어 투자 주체의 장벽이 낮아지고 있다. 이에 따라 상호 이해와 협력이 증가하고 있다. 최근 LP인 산업은행과 외국계 IB 등을 거친후 GP를 설립한 지오인베스트먼트파트너스 고대석, 김영호 대표등이 GP로 변신해 균형감 있는 PEF 시장을 만드는 데 역할을 하고 있다. 주우식 옐로씨매니지먼트 대표, 김기현 케이엘앤파트너스 대표, 최원진 JKL파트너스 전무를 필두로 엘리트 경제관료 출신들이 PEF 시장 필드에 직접 뛰어들어 GP, LP, 금융당국과의 소통 채널로 활약하는 모습은 건전한 자본시장 발전에 긍정적인 영향을 이끌고 있다.

19

기관투자자^{LP}로 성공하는 방법

크레딧 마인드 vs 에쿼티 마인드 ───────

프리미어리그나 메이저리그에서 활약하는 선수들도 처음 축구와 농구를 배우는 주니어 선수 시절을 거치며 게임의 룰을 배운다. 그 다음에는 공격과 수비의 전략을 하나씩 배워나가며 경기를 지배하고 승부를 결정짓는 스타로 성장한다. 자금 운용에서도 게임의 룰이 있다. 앞에서 LP들이 기관에서 일하면서 자금의 성격을 이해하고 조성과 운용의 시스템을 아는 것이 운용에 있어서 중요하다는 것을 말했는데 그것이 체득해야 할 게임의 룰이다. 이제 자금 운용 본질에 있어서 운용역이 갖추어야 할 공격과 수비의 전략인 투자 마인드에 대해서 이야기해보고자 한다. 막강한 공격 전략과 철벽같은 수비 전략 중에서 더 중요한 것은 무엇일까? 그리고 어떻게 균형 있는 전력을 갖출 수 있을까?

PEF는 자금 운용 기관의 투자처 중에서 대체투자 영역에 포함된다. 주식이나 채권 같은 전통 자산들은 유동성이 풍부한 거래소 시장에서 매일 거래가 일어나며 트레이딩하는 것이 특징이라면, 대체투자는 단일 투자 건에 상대적으로 거액의 자금이 투자되며 회수 기간도 최소 2~5년이 소요되는 경우가 일반적이다. 수많은 개별종목을 사고팔며 펀드 포트폴리오의 수익률이 중요한 전통 자산과 달리 대체투자는 한 번의 실패가 큰 투자손실로 이어질 수 있다. 특히나 PEF는 일반적으로 기업에 대해 투자하므로 신중에 신중을 기해 투자해야 한다. 기업이 파산할 경우 극단적으로 투자원금이 모두 손실될 수 있기 때문이다. 부동산이나 인프라 투자 자산의 경우 거시경제나 자산과 관련된 환경이 어렵더라도 실물 자산 자체의 가치가 있는 것과는 다른 점이다. 그렇기 때문에 높은 수익률을 내는 공격에 앞서 한 골, 한 점도 내주지 않겠다는 수비 능력이 첫 번째로 익혀야 할 전략이다.

우리가 은행에서 대출받을 때 자금 사용 목적과 신용도에 따라 금리와 한도가 주어지는 것처럼 여신이나 투자를 받는 기업들도 금융시장과 자본시장에서 신용도가 존재한다. 삼성이나 KT, 신한금융지주 등 우량 기업이 발행하는 채권금리는 거의 국가신용등급과 유사하며 중견기업들이 발행하는 채권은 그보다는 신용등급의 차이만큼 높은 채권금리로 자금을 조달해야 한다. 채권시장에서 신용등급에 따라 발행금리가 형성되는 회사채 크레딧 마켓으로 자본시장의 한 축을 담당하고 있다. 이 시장에서 중견기업과 중소기업들은 더 높은 금리를 지급하며 자금을 조달해야 한다. 이런 '크레딧 마인드'를 기초로 기업을 바라보고 PEF의 투자 타당성을 검토하는 것이 대체투자를 활용한 기관 자금 운용의 핵심 수비전략이라고 할 수 있다. LP든 GP든 신참 운용역일수록 기대수익률이 높은 투자 건이 더 눈에 띄고 매력적으로 보일 수 있으나 금융위기 등 전쟁터에서 산전수전을 겪은 고참 운용역일수록 그 변동성과 리스크의 뼈 아픔을 잘 알고 있기에 크레딧 분석을 기초로 보수적인 운용을 한다. 다시 강조하지만 대체투자에 있어 최고의 덕목은 투자원금을 지키는 것, 즉 손실을 보지 않는 것이 가장 먼저 배워야 할 투자전략이다.

PEF의 본질, 에쿼티 마인드

자금 운용에 있어 공격 전략은 무엇일까. 그것은 소속 기관의 목표 수익률을 달성하기 위한 전략이라고 할 수 있다. 투자원금을 사수하겠다는 의지로 단 한 점도 허용하지 않은 것 자체는 아주 훌륭한 활약이지만 아쉽게도 득점을 하지 않는다면 게임에서 승리할 수 없다. 축구의 메시, 농구의 마이클 조던이 슈퍼스타가 된 이유는 소속 리그에서 최고의 공격수로 활약하며 득점을 하고 승리를 이끌었기 때문이다.

보수적인 한국 기관투자 환경에서 트레이닝을 받은 운용역들은 대체로 수비 전략을 구사하는 데에는 능숙한 편이다. 신용 분석과 여신 심사 교육 등을 이수하며 내부의 운용 기준 등이 체계적으로 리스크를 관리하는 편이기 때문이다. 하지만 공격 전략은 시스템으로 갖추기 어려운 면이 있다. 승리를 위해 골을 넣고 득점을 하는 건 선수의 손끝과 발끝에서 결정되기 때문이다. 이것은 즉 운용역의 판단 능력, 즉 '에쿼티 마인드'에서 결정된다.

프라이빗에쿼티의 본질은 에쿼티 투자이다. 기업의 성장자금을 투자하거나 기업을 인수해서 가치를 키워 매각하는 에쿼티 투자가 핵심이다. 그렇다면 중요한 것은 기업이 속한 산업과 기업을 이해하고 성장전략을 그릴 줄 아는 것이 투자 성과를 가르고 목표수익률을 달성할 수 있는 공격 전략이다. 그리고 기업과 경영자에 대한 평가와 투자 판단을 하는 데 있어서 정량적인 평가는 기본이고 기업 성장 스토리로 이해하고 정성적으로 해석할 수 있는 안목이 필요하다. 투자 섹터 산업군의 환경과 패러다임 변화를 읽기 위해 긴 호흡과 높은 곳에서 내려다보는 시선을 갖추고 있어야 한다.

내가 기관투자가로 일하는 초기에는 주식 트레이더로 일했다. 그 이후는 ELS 같은 에쿼티 파생상품을 운용하는 업무를 맡았다. 그 당시에는 업무 특성상 글로벌 금융시장 동향과 산업 분석 그리고 기업 실적을 기초로 주식시장을 분석하는 것이 중요했고 주가가 상승하는 것에 초점을 맞췄다. 정기예금 금리는 고작 1~2%에 불과해 작아 보이지만 한 종목을 잘 발굴하면 불과 며칠 만에 수십 퍼센트의 수익을 내는, 주식투자가 인생을 걸어야 할 길이라는 생각할 정도였다. 그러다 대체투자 부서에 발령받아 가보니 채권을 운용했던 선배들을 만나게 됐고 크레딧 마인드를 배우게 됐다. 주식 트레이딩을 할 때 사고팔았던 주식들이 신용등급도 받지 못하는 기업이거나 적자를 내는 기업들이 많았다는 것을 알게 되면서 에쿼티 마인드와 크레딧 마인드가 다른 세상이라는 것을 느끼게 됐고 균형 있는 시각을 키울 수 있었다. 물론 기관에서 투자하는 주식을 발행하는 기업들은 모델 포트폴리오를 만들어 상대적으로 우량한 기업들에만 투자하고 있음에도 불구하고 말이다.

균형 있는 투자가로 성장하기

본격적으로 PEF에 투자업무를 맡게 되는 시점은 우리나라 PEF 시장이 태동기를 막 지난 시점이다. 국내 PEF 시장 초기에는 에쿼티 투자라고 하기 어려울 정도로 거의 대출에 가까운 채권형 구조로 만들어졌다. LP나 GP나 초창기에는 경험해보지 못한 미지의 영역을 지나가야 하므로 당시에는 제도적으로 허용되었던 풋옵션 등 안전장치가 계약서에 반영되어 거래가 이루어졌다. 그러다가 성공적으로 투자금을 회수하면서 경험에서 오는 자신감을 바탕으로 PEF의 구조가 점진적으로 업사이드 포텐셜에 다소 비중을 높여가는 형태로 변화했다. 현재는 국내 PEF도 순수한 지분투자를 넘어서 바이아웃 투자까지 빈번하게 하는 수준으로 성장하게 됐다.

이런 변화의 흐름에서도 나타나는 것을 볼 수 있듯이 PEF가 궁극적으로 추구하는 방향은 높은 초과 수익이다. 물론 PEF의 구조나 기업 자체의 크레딧에서 제공하는 하방 안정성을 기본으로 하지만 본질적으로는 PEF가 높은 수익을 추구하는 투자 상품이라는 것을 알 수 있다. PEF 시장이 성숙해가면서 운용전략이 세분되어 바이아웃 전략, 그로스캐피탈 전략, 구조조정 전략, 스페셜시추에이션 전략 등으로 펀드의 성격이 나눠진다. 그러나 그 중 PEF 투자의 백미는 바이아웃을 통한 고수익 추구다. 다만 전통 자산의 주식과 채권을 구분하는 하이 리스크, 하이 리턴이 아닌 로우 리스크, 하이 리턴을 추구하여 위험 대비 높은 수익을 만들어내는 대체 투자 영역이다.

크레딧과 에쿼티 마인드를 겸비한 PEF 투자전략 ─────────

한국 야구에서 오래된 이야기 중에 '투수는 선동열', '타자는 이승엽', '야구는 이종범'이라는 말이 있다. 승리를 이끄는 전략 중에서 공수를 겸비하는 것이 중요하다는 의미이다. PEF 투자가 위험 대비 높은 수익을 뽑아내는 대체투자의 영역이므로 하방 안정성을 기본으로 하고 높은 수익성을 실현할 수 있도록 공수 전략을 잘 구축해야 한다.

투자하고자 하는 기업의 사업모델이 진입장벽이 높거나 제품의 기술력이 안정적이고 독보적인 경쟁력을 가지고 있고 심지어 현금 창출 능력까지 우수하다면 그 자체가 하방 안정성이라고 볼 수 있다. 그래서 이런 기업들에 대해서는 순수 보통주 투자 혹은 바이아웃 투자를 적극적으로 할 수 있다. 반면 성장성이 아주 높으나 현재는 수익을 내지 못하고 있는 벤처, 중소기업을 투자하는 경우에는 그 사업을 영속적으로 내재화해서 가져가고자 하는 전략적투자자[SI]인 기업과 함께 투자하는 방법이 있다. PEF와 SI가 선순위와 후순위로 각각 투자를 진행한다면 FI인 PEF 투자자는 안전성을 확보하게 되고 SI인 전략적투자자는 수익성 높은 사업을 붙이기 위한 자금을 은행차입이 아닌 공동투자 형태로 조달한 경우가 된다.

PEF 설립 초창기와 달리 현재는 투자기업으로부터 풋옵션을 대놓고 받는 것은 금지되어있다. 다만 투자를 받은 기업이 IPO를 미이행하는 등 PEF와 약속한 투자조건을 지키지 못한 경우 경영권 지분을 드래그할 수 있는 계약을 맺는 등 기관투자자는 안전성을 확보한 투자를 진행할 수 있다. 또한 투자하는 방식에서도 보통

주가 아니라 CB, EB, BW, RCPS 등의 증권으로 투자할 경우 상환이 강제된 채권의 형태이므로 하방 안정성이 확보됨과 동시에 피투자기업이 IPO를 진행할 경우 보통주로 전환하여 높은 초과수익을 만들 수 있는 기회가 있다.

국민연금 등이 투자한 SK그룹의 11번가 투자 건의 경우 11번가의 모회사인 SK텔레콤이 11번가 IPO를 진행하도록 합의된 것으로 알려져 있으며 이를 일정 시점에 진행하지 않을 경우 SK텔레콤에서 FI인 PEF의 지분을 정해진 콜옵션 금리를 지급하고 매입해주는 형태로 하방 안정성이 갖추어져 있다. 화장품과 건강기능식품을 전문적으로 제조하는 한국콜마그룹은 자회사들의 사업을 확장할 당시에 홀딩스에서 교환사채를 발행하여 투자를 받았다. 그 교환사채에 투자한 PEF는 한국콜마그룹이 상환을 보장하는 사채권에 투자함과 동시에 자회사의 주가가 상승할 경우 주식으로 교환하여 차익을 실현하는 업사이드 포텐셜을 지니고 있다.

크레딧과 에쿼티 마인드를 균형 있게 활용하여 기관투자가로 좋은 성과를 내는 전략은 다양한 전략과 사례가 축적되어있다. 하지만 중요한 것은 유연한 사고방식이라고 할 수 있다. 기업과 산업이 처한 상황과 환경을 고려하여 전략을 짜고 실행하는 것이 투자 성공 가능성을 높이는 길이다. 금융위기와 코로나19를 지나는 과정에서 적어도 현재까지는 큰 실수 없이 성과를 계속해서 창출하는 데에는 그런 투자 마인드가 정상적으로 바르게 작동하고 있다고 생각한다. 기관투자가로 일하는 이들과 대체투자, PEF 투자를 통해 자금을 적극적으로 운용하는 기관들이 시행착오를 줄일 수 있길 바란다. 게임의 룰을 이해하고 목표를 달성하기 위한 전략을 수행할 수 있는 준비를 해야 한다. 자본시장 발전을 위해서 LP와 LP 간에 그리고 LP와 GP 간에 함께 고민하여 발전시켜 나가야 할 과제이기도 하다.

20

유망산업을 선점하는 선구안 ───────

산업과 기업경영의 트렌드를 읽어내는 능력이 탁월한 GP를 만나서 설명을 듣고 있다 보면 큰 공감이 가면서 그 펀드에 투자하고 싶은 마음이 절로 든다. 미래를 읽어내는 선구안은 막대한 수익으로 돌아오는 것을 그동안 지켜봤기 때문이다. 기업은 성장하는 단계에서 지속적으로 투자가 필요하고 필요한 경우 아예 다른 기업을 인수해서 성장동력을 붙여나가야 한다. 그런데 성장단계에서는 아직 그 산업이나 기업에 대한 의구심이 있을 수 있어 투자자들의 시각이 상반되기 마련이다. 남들이 잘 몰라서 확신하기 어려울 때 남다른 정보력과 통찰력으로 기술력 있는 기업을 선제적으로 발굴하여 투자해주는 GP가 역량이 있는 곳이다.

예를 들어 유망산업으로 판단되는 소재, 부품, 장비 분야에 속한 중소기업이 상속 등의 이유로 M&A 시장에 매물로 나오는 경우가 있다. 하지만 그 시점에 관련 밸류체인에 속한 대기업이나 중견기업이 인수할 여건이 안 되는 경우가 있다. 이때 유능한 GP는 이 기업을 인수한 후 잘 키워서 재매각하는 중요한 역할을 한다. 이 과정에서 PEF에 출자한 LP는 투자수익을 얻고, 인수한 기업은 새로운 성장동력을 마련하는 선순환 구조를 보여준다. 물론 그 과정에서 GP는 약속된 성과보수를 얻으며 아이디어와 통찰력만으로 가장 큰 수혜를 보는 기회를 맞이한다.

그렇게 앞서가려면 산업의 메가트렌드를 잘 읽어낼 줄 알아야 한다. 모든 사업을 파악할 수는 없으므로 특정 산업군에 대해서는 다양한 경험과 심도 있는 연구를 통한 전문성을 확보하는 것이 필요하다. 그리고 각 그룹사와 기업들의 필요를 잘 알고 있어야 한다. 사람의 건강에 비유하자면 성장기 어린이에게 충분한 영양분을 공급해줘야 하듯이 성장기업에는 그로스 투자자금이 필요하고, 과체중인 사람이 체중 관리를 해서 군살을 빼야 하듯 비대해진 기업에 효율적으로 조직을 개선할 수 있는 관리가 필요하다.

PEF는 내부수익률[IRR]이라는 숫자로 성과를 보여주고 능력을 입증한다. 하지만 그 숫자를 만들어내기 위해서는 단순히 숫자로 접근하는 차원을 넘어서 콘텐츠가 있는 GP가 되어야 한다. 그래야 피투자기업 입장에서 금리 비딩을 시키듯이 줄 세우는 GP가 되는 것이 아니라 기업의 고민을 먼저 알아주고 해결책을 제시하는 진정한 파트너십의 관계를 형성해갈 수 있다. 그렇게 한번 형성된 신뢰 관계를 형성한 GP는 기업의 성장단계에서 지속적으로 일하는 것을 지켜봐 왔다.

일 잘하는 GP는 미래를 볼 줄 아는 선구안이 있어야 한다고 언급했다. 그런데 단지 예상하고 전망하는 것이 역할이라면 애널리스트들과 차이가 없다. 차별점은 실제 실행에 옮기고 밸류를 만들어내야 한다는 것이다. IMF 구제금융 위기 시절 메이저리그에서 활약하며 새로운 길을 개척한 박찬호 선수는 아무도 가지 않았던 길이지만 큰 시장에서의 가능성을 볼 줄 알았고 용기 있게 실행에 옮겨 전설이 됐다. GP는 기업들보다 시대를 앞서가야 한다. 그렇다고 너무 앞서가서 회수 시점이 늘어지면 곤란하다. 기업이 성장곡선을 가파르게 타고 오르는 적기에 시의적절하게 투자가 이루어져야 한다. 일 잘하는 GP는 그런 도전정신과 타이밍 감각이 좋다.

PEF 구조화 능력으로 리스크와 리턴 관리

미술작품을 완성하려면 스케치를 하고 큰 그림을 그린 후 다음으로 디테일한 작업을 거쳐야 완성도 높은 작품이 나온다. PEF를 설립하는 과정도 이와 비슷하다. 딜을 본격적으로 시작하기에 앞서 딜의 배경을 이해하고 그 배경과 거래목적에 맞는 투자구조를 구성하는 능력이 GP에게 필요하다. 일 잘하는 GP는 이 작업을 아주 정교하게 공을 들여 진행한 후 펀드의 투자금 모집을 한다. 특히 딜 거래구조를 설계하는 과정에서 리스크 대비 리턴이 적절하게 구조화되어 회수할 수 있도록 설정할 줄 알아야 한다.

PEF를 활용한 기업투자 구조화에 있어서 가장 기본이라 할 수 있는 것은 특정 딜에 있어 최소 적정 수익률이 얼마일지를 파악하는 능력이다. 적정 수익률은 산업의 성장률에 영향을 받으며 투자방식이 바이아웃인지 그로스캐피탈인지에 따라 차이가 있다. 특정 기업과 함께 공동투자를 하는 딜이 있을 때 각 주체는 얼마를 얻어야 적절한 수익률일까. 이때는 SI의 신용등급이 최소보장 수익률에 영향을 끼친다. 일반적으로 SI의 신용등급에 해당하는 채권 발행금리 또는 조달금리 수준보다 높은 수준으로 회수할 수 있는 투자조건이 투자구조에 녹아있다면 리스크 대비 리턴이 높도록 잘 설계된 딜이라고 말할 수 있다.

무엇보다 투자원금을 지킬 수 있도록 기업의 상황과 딜의 성격을 고려해서 투자구조를 설계해 구조적인 리스크 관리 장치를 만들어놓아야 한다. 예를 들어 해외기업이나 투자하는 딜 기회를 잡았을 때 환 변동성과 리스크 선호도에 따라 PEF 안에 트렌치를 구분하여 펀딩구조를 짤 수 있다. 리스크를 다소 안고 가더라도 높은 수익성을 희망하는 투자자에게는 후순위 트렌치에 출자하도록 하고 반대의 경우에는 선순위로 출자하도록 해서 투자자의 필요에 따라 펀딩을 할 수 있다. 그리고 투자수익을 극대화하는 구조로 설계하고, 투자자와 투자를 받는 기업이 서로 윈윈할 수 있는 균형 있는 거래구조 설계하기 등, 다소 복잡하지만 정교한 설계 능력이 GP가 갖춰야 하는 역량이다.

프로페셔널한 업무처리 태도 ──────────

핵심 임원부터 관리직원에 이르기까지 한결같이 성실함이 돋보이고 명확한 의사소통 능력을 지니고 있는 GP는 기업에 투자하거나 인수한 이후 크고 작은 실수를 범할 확률을 크게 낮출 수 있다. 꾸준한 관리를 통해 투자한 기업의 경영을 효율적으로 개선할 수 있다. 그뿐만 아니라 기업 오너나 경영자와의 소통을 통해 신뢰 관계를 형성해 주주들 간 시너지를 극대화할 수 있다.

　PEF를 결성하는 과정과 운용하는 중에 LP들은 GP에게 많은 질문을 던진다. 대상 기업에 대한 질문이든 GP 자체에 대한 질문이 있을 수 있는데 이에 대해 성실하고 정확하게 대응해주는 태도가 필요하다. PEF를 설립하는 데 있어 자금을 출자한 투자자에 대한 신의 성실함이 운용의 처음이자 마지막이기 때문이다. 설사 이해도나 경험이 부족한 LP들이 핵심을 못 짚고 막연한 질문을 하는 경우가 있다. 이 경우에도 GP는 전문가로서 질문 자체를 정의해 줄 수 있는 우문현답의 지혜로 대응해야 할 것이다. 그렇게 답하는 과정에서 GP도 한 번 더 고민하게 되고 PEF 관리의 완성도 역시 높아지는 것을 봐왔다. PEF 운용이 성숙한 시장으로 갈수록 LP에 대한 보고가 강화될 것이고 체계화될 것이다. 또한 LP가 참여하는 사원총회의 내용이 더욱 의미 있을 것이다. 선진 금융시장의 PEF가 그렇게 이미 운영되고 있다. 이를 참고해 미리 준비하는 GP가 더 신뢰받는 운용사가 될 수 있다.

GP가 PEF를 설립하여 운용하고 투자금을 회수하는 과정을 보면 가히 종합예술이라고 할 수 있을 정도로 다양한 능력이 요구된다. 특히 운용하는 과정은 기업경영을 이끌어가는 오너 경영자처럼 일해야 한다. 기업이 달성해야 할 경영목표를 달성해 나가는 과정은 쉽지 않은 과제이고, 직면한 수많은 문제에 대한 솔루션을 찾고 해결해야 한다. 그렇기 때문에 GP는 불가능을 가능케 하는 연금술사가 돼야 한다. 즉 어떤 문제도 해결할 수 있는 사업수완을 지니고 있어야 한다. 목적 달성을 위해 수단과 방법을 가리지 말라는 의미는 아니다. 금융인으로서 윤리의식과 최근 강력한 경영의 기준이 된 'ESG^{Environmental Social and Governance}'를 준수하면서 그 목적을 달성해야 한다. 어렵고 힘든 과정이지만 그렇기 때문에 막대한 성공보수가 지급되는 것이다.

우리보다 오래 앞서 PEF 운용을 하는 미국과 유럽의 주요 GP는 오랜 업력을 바탕으로 하우스마다 뚜렷한 투자전략을 갖고 그에 맞는 펀드를 시리즈로 론칭한다. Private Equity, Private Debt, Infra, Realestate 등 섹터별로 전문 운용사가 존재하며 그 안에서도 바이아웃^{buyout}, 그로스캐피탈^{Growth Capital}, 벤처^{Venture}, 오퍼쳐니스틱^{opportutistic}, 디스트레스드^{distressed}, 메자닌^{mezzanine}, 펀드오브펀드^{Fund of Fund} 등 특화된 전략을 유지, 발전시켜가며 펀드를 시리즈로 론칭하고 있다. 그만큼 기관 운용전략에 따라 선택의 폭이 넓고 전문성도 더 특화되어있다. 우리나라 GP들의 경우 이제 막 태동기를 거쳐 성장기를 한창 지나고 있으므로 업력이 쌓이면서 자연스럽게 각 하우스가 지닌 강점과 경험에 따라 해외 GP처럼 세분될 것으로 예상한다. 국내 GP는 우선 덩치를 키우면서 성장하는 게 우선이겠지만 자기만의 개성과 색을 입혀가는 것을 염두에 두고 준비해야 한다.

최근 글로벌 경영에서 가장 화두인 키워드는 단연코 ESG이다. 이는 기업에 국한된 이야기가 아니다. 기업에 경영 참여를 하고 또 앞서 투자를 선도해야 하는 PEF에게는 더욱 중요한 기준이다. 높은 수익률과 성공보수만을 추구하다가는 오히려 근본적으로 투자자에게 출자받지 못하는 시기가 올 수도 있다. 글로벌 GP와 LP들은 ESG가 표준이고 정말 중요한 선정기준이기 때문이다. 향후 우리나라 GP도 그 기준이 강화될 것을 미리 대비하고 준비하는 것이 바람직한 방향이라고 본다.

21

한국 PEF 시장의 흐름과 미래

MBK파트너스, 한앤컴퍼니와 같은 라지캡 블라인드 펀드의 성장에 뒤이어 최근에는 프로젝트 펀드를 성공적으로 엑시트(투자금 회수)한 GP들이 앞다투어 이름을 내걸고 블라인드 펀드를 출시하고 있다. 몸담고 있는 기관의 사정상 블라인드 펀드에 출자를 못 하고 오랫동안 신생 또는 중소, 중견 GP가 특정 기업을 정해놓고 투자하는 프로젝트 펀드에 출자해오면서 앵커 투자자로 일하다 보니, 잠재 투자 대상 기업을 발굴하는 딜 소싱부터 협상 단계에 이르기까지 직간접적으로 투자에 관여해 왔다. 그러다 보니 기업을 보는 나름의 노하우가 쌓여 제안한 GP의 명성과 외형보다는 대상기업의 투자 타당성을 분석하는 데 집중했다. 프로젝트 펀드만 투자할 수밖에 없었던 한계가 있었기 때문이다. 그래서 신생, 중소형 GP 들과 일하며 높은 투자금 회수 성과를 낸 적이 많다. 이제는 그렇게 일하면서 신뢰를 쌓은 신생, 중소형 GP들이 성장하여 중소, 중견 GP로 가도록 육성하는 것이 내 일의 의무라고 생각한다. 그래야 두꺼워진 선수층을 기반으로 우리나라 GP들이 좋은 기업과 좋은 딜이 많이 발굴될 것이라고 믿기 때문이다. 그래서 나는 우리 회사가 블라인드 출자가 가능해졌을 때 그런 높은 성과를 낸 신생, 중소 GP에게 블라인드 펀드 출자를 진행했다.

얼핏 이렇게 플레이어가 많아지면 GP들은 시장의 경쟁이 치열해진다는 생각을 할 수도 있다. 하지만 뛰어난 중견 GP가 많아져야 좋은 영향을 주고받으며 자본시장에서 PEF가 차지하는 역할이 더욱 중요해질 것이라고 본다. 그렇게 PEF 시장이 성장하며 파이가 커질 것이고 이 시장에 존재하는 GP들이 수혜를 볼 수 있다. 이런 과제는 GP에 국한되지 않는다. 향후 큰 LP 기관들은 더욱 적극적으로 활약하며 기관투자가로서 전문성을 인정받고 활약할 수 있도록 자본시장에서 리더십을 발휘해야 한다. 딜을 따기 위해서는 전쟁터와 같이 치열한 현장에 있지만 자본시장에서 PEF의 역할과 성장을 위해서는 GP, LP 가릴 것 없이 모두가 동업가 정신으로 자본시장을 이끌어가고 키워가는 문화를 만들어야 한다. 일 잘하는 GP나 LP가 있다면 스타플레이어로 키워주는 분위기가 있어야 건강한 시장이지 않을까 생각한다.

　최근 KKR, 블랙스톤, 칼라일 등 글로벌 대형 GP들은 아시아 지역의 성장성을 높게 보고 과거보다 더 큰 투자금액을 배정했다. 특히 우리나라를 비롯한 주요국의 높은 성장성과 기술력을 지닌 기업들이 많이 나오면서 중요한 투자 기회가 있기 때문이다. 이제는 글로벌 PE와 딜에서 경쟁을 더 직접적으로 해야 하는 시기가 다가왔다. 작은 시장 안에서 소수의 국내 GP들끼리 낮은 경쟁 강도로 일하던 때와는 다른 시대가 도래했다. 그 때문에 중견 GP 층이 두꺼워져야 한다. 물론 우리나라 기관투자가들이 글로벌 GP가 출시하는 펀드에 출자하기도 해서 그 성과로 수혜를 볼 수 있지만 큰 틀에서는 한국의 GP들이 성장해야 한국의 기관들과 더 나아가 자금의 원천이 되는 국민의 연금, 정부 기금, 공제회 기금, 서민자금에 그 과실이 배분될 수 있다. 국내 GP들의 경쟁력이 더욱 향상되어야 향후 좋은 해외기업을 투자하고 인수하는 사례가 늘어나서 경제 영토가 넓어지면 한국의 수혜 역시 커질 것이다. 자본시장에서 함께 일하는 우리 LP, GP, IB, 자문사, 언론 등 이해관계자들이 각각의 현장에서 이런 리더십을 보여주길 기대한다.

　최근 중앙회, 공제회 등이 PEF에서 주요 출자기관으로 부각되며 이에 대해 너무 공격적인 투자가 아니냐는 일각의 비판적 목소리도 있었다. 이는 자금 운용 패러다임 변화와 중앙회, 공제회 등 기관 자금의 원천에 대한 설명이 부족하다 보니 생긴 오해라고 본다. 중장기 저금리 기조에서 기관 자금 운용은 주식, 채권 같은 전통 자산에서 대체투자 자산으로 점차 이동하고 있다. 대체투자 시장의 경험과 노하우가 축적되면서 리스크 대비 리턴이 높은 투자건을 발굴하는 투자패턴이 자리 잡았기 때문이다. 그중에서 PEF는 중앙회, 공제회 같은 주요 기관투자가들에게 높은 수익을 안겨주는 효자 운용상품이 되었다. 그런 투자로 벌어들인 수익금은 중앙회 자금의 원천인 서민자금과 공제회 회원들에게 돌아간다. 즉 국민들에게 그 수혜가 돌아가는 것이다. 좋은 투자처를 발굴해 높은 수익으로 회수하여 그 주인에게 돌려주는 것은 본연의 역할에 충실한 것이고, 이미 해외 LP 기관들은 더욱 다양하고 적극적인 투자를 통해 수익을 끌어올리고 있다. 그런 트렌드를 쫓아가지 못하는 기관들은 그 노하우를 배우고 자금 운용 패러다임 변화를 따라가야 할 것이다.

투자가의 철학과 마인드 ─────────

2020년 이후 자본시장에서 PEF는 안정적이고 높은 성과를 기반으로 가장 주목받는 운용상품이 되었다. 그리고 그 자금력을 기반으로 PEF는 기업 인수합병 시장에서 중요한 역할을 하고 있다. PEF에 직간접적으로 관련된 이해관계자들이 지금까지 잘 가꾸어온 시장이 더욱 성장하고 좋은 영향력을 확대해가려면 어떻게 해야 할까. PEF는 기업에 투자하는 수단이며 결국 사람의 철학과 마인드로 투자가 결정되고 관리되므로 투자가의 생각과 상식이 중요하다. 기업에 투자하는 투자가에게 가장 중요한 덕목은 신뢰라고 생각한다. GP는 돈을 출자해준 LP와의 신뢰, 투자한 기업과의 신뢰를 지켜야 한다. LP에게 IM을 통해 약속한 기업가치 제고 전략과 투자금 회수 전략을 잘 수행하고 성실함으로 신뢰를 지켜야한다. LP로 일하는 기관투자가 또한 GP와 투자기업에 믿음을 주어야 한다. 출자할 마음도 없으면서 GP를 희망 고문하는 일이 있어서는 안 된다. 소중한 자원을 활용하여 제안한 GP의 제안서를 심혈을 기울여 검토하고 공부하여 피드백을 성실하게 주어야 한다. 투자하겠다는 시그널을 주었다면 내부 심사역이나 투자심의위원회를 잘 설득하여 약속을 지켜야 한다. 그러기 위해서는 본인이 속한 LP 기관 내부 이해관계자들과 신뢰 관계가 있어야 한다.

가장 중요한 덕목인 신뢰가 자본시장에서는 어떻게 평가될 수 있을까. 그것은 평판이라는 목소리로 수렴될 수 있다고 본다. 사람마다 성향이나 스타일이 다르므로 호불호는 분명히 존재한다. 하지만 자본시장에 최소 5년 이상 종사한 사람의 업무능력과 신뢰도에 대한 업계의 평판은 거의 사실이라고 봐도 무방하다. 자본시장은 철저히 성과 중심의 평가가 이루어진다. 회사마다 다른 조직문화가 있기 때문에 그 조직 내에서는 조직 순응적인 사람이 무난하다는 평가를 받지만 시장에서는 다르다. 함께 일한 카운터 파트너와 거래한 상대방이 냉정하게 평가해준다. 좋은 사람이라는 평가보다는 확실히 딜을 마무리 시킬 수 있어야 능력 있는 사람인 것이다. 그런 평판은 하루아침에 쌓이는 것이 아니다. PEF의 이해관계자로 시장에 진출하고자 하는 학생들과 주니어 운용역들은 이를 중요하게 생각하고 차곡차곡 신용점수를 쌓듯이 신뢰와 평판을 만들어가야 한다.

기업의 성장을 이끄는 리더십을 발휘하라 ——————

기업에 투자하는 투자가의 철학과 마인드가 중요하다고 했다. 합리적인 판단과 상식에 근거한 투자 판단이 필요하다. 그러나 그 상식이 나의 주관적인 경험에 근거한 단편적인 상식이어서는 안 된다. 투자에 대할 때는 객관화하여 분별할 수 있는 혜안이 필요하다. 내가 의사결정을 했던 사례 중에 나의 상식과 객관화된 상식이 충돌했던 경험이 꽤 있다. 골프 산업 붐이 본격화되기 전에 골프클럽 브랜드인 마제스티가 매물로 나와서 검토할 당시였다. 당시 골프의 문외한인 내가 주변에 자문하고 사전 조사를 해보니 시니어와 여성들을 타깃으로 제품을 제조, 판매하는 브랜드였다. 반면에 내가 사용하고 싶은 브랜드는 주로 TV에서 광고하는 제품이고 잘 알려진 브랜드였기에 투자를 망설였다. 하지만 나의 부족한 골프 상식을 객관화하여 투자 상식으로 접근해보니 아주 좋은 투자 건이라는 판단이 들어 주요 투자자로 출자를 진행하였다. 광고비 등 마케팅 비용이 타 브랜드 대비 아주 적게 들어가고 주요 매출처이 자 3대 시장인 한국에서 인구통계학적으로 시니어 골퍼가 급증하 는 구간에 돌입했고 신규 여성 골퍼들의 유입이 기하급수적으로 늘어나는 시기가 오겠다는 것이 상식적이고 합리적으로 예측됐다. 결과는 예상보다도 훨씬 빠른 성장으로 나타났고 그 투자를 통해 막대한 회수성과를 거둘 수 있었다.

투자를 판단할 때 나름대로 기준이 있어야 한다. 그래야 빠르 게 의사결정하고 적기에 투자를 진행할 수 있기 때문이다. 투자가 마다 시각이 다양할 수 있지만 PEF 투자에 있어 기본적으로 도움 이 되는 기준들이 있다. 산업과 기업을 분석할 때 탑다운 접근 시 각을 길러야 한다. 메가트렌드에 속해 있으며 산업 내에서 경쟁 력을 지닌 기업을 발굴해서 성장이 본격화되는 구간에서 투자한 다면 아주 좋은 성과를 낼 수 있다. 수소탱크를 제조하여 납품하 는 엔케이에테르라는 기업을 투자할 시점은 수소 산업이 지금처 럼 부각되기 이전이다. 당시 전기차가 메가트렌드가 되었지만 수 소 차는 틈새시장에서 먹힐 것이라는 정도가 대세론이었다. 하지 만 친환경과 대체에너지가 또 한 축의 메가트렌드가 되면서 전기 보다는 폭발성이 크지만 기술적으로 잘 다뤄지면 고용량의 에너 지를 얻을 수 있는 수소 산업 전체의 성장 모멘텀이 찾아올 것이 라고 예상했다. 그리고 그런 수소를 안전하게 저장할 수 있는 세계적 기술을 보유한 엔케이에테르에 투자를 진행했다. 당시를 돌아보면 코로나19 팬데믹이 발생한 초기여서 투자에 대한 공포심이 극에 달해 기관들의 출자가 막혀있어 수소 산업 성장성을 미리 알아본 해외로 매각될 수도 있었다. 인수에 드는 자금 대부분을 출자해야 하는 어려운 상황이었지만 결과적으로 상장을 앞둔 우량한 회사로 성장한 좋은 사례가 되었다. 이처럼 탑다운 어프로치를 할 줄 안다면 투자 대상을 대할 때 좋은 기준이 된다.

좋은 기업을 발굴하여 투자하는 것을 넘어서 그 기업의 성장을 이끌어 줄 수 있는 리더십을 발휘한다면 더 높은 투자 성과를 거둘 수 있다. 기업과 기업인에게 리더십을 발휘하려면 그 기업의 성장 스토리를 이해하고 기업과 기업인이 처한 현재 상황을 이해하고 상황에 맞는 지원과 육성을 하는 마인드가 필요하다. 삼성전자 등에 디스플레이용 3D 강화유리를 공급하는 ㈜JNTC는 휴대폰 산업에서 OLED 기술이 디스플레이 제조에 상용화되면서 수혜를 본 기업이다. 기업의 창업자는 전형적인 엔지니어 출신이다. 투자자들은 빠른 상장을 통해 회수를 진행하고자 했으나 오너 경영자는 제품의 높은 경쟁력에도 불구하고 주식시장에서 평가받고자 하는 가격 괴리도가 커서 상장을 늦추었다. 투자자들은 창업자의 생각을 존중했고 약간의 투자조건 변경을 거쳐 이를 수용했다. 결과적으로 기업 성장스토리를 이해하고 파트너십을 발휘한 나의 회사를 포함한 투자자는 JNTC가 상장하면서 높은 성과를 거두면 투자금을 회수할 수 있었다.

투자가가 이런 마인드와 관점으로 일하다 보면 투자해야 하는 기업과 발굴해야 하는 기업이 보이기 시작한다. GP 사이드에서 일하는 투자가는 그런 관점으로 일하다 보면 좋은 딜을 투자할 기회를 빠르게 잡을 수 있는 것이고, LP 사이드에서 일하는 투자가는 GP에게 투자해야 할 기업을 제시해 줄 수 있다. 그리고 그런 GP와 LP로 구성된 PEF가 투자하는 기업에 성장동력을 붙이기 위해 함께 찾아줄 수 있는 것이며 기업의 성장전략을 제시해줄 수 있다. 대기업과 그룹사에는 포트폴리오 조정의 좋은 파트너가 될 수 있고, 중소, 중견기업에는 성장동력에 필요한 자금과 회사를 붙여줄 수 있다. 성장동력을 얻고 싶은 기업들은 그런 마인드를 가진 투자가를 만나서 함께 일해야 한다.

4장

자본주의 3.0 시대, 어디에 투자하나

22

2000년대 초반만 하더라도 2차전지는 '꿈의 전지'라 불렸다. 한 번 쓰고 버리는 건전지가 아니라 충전하면 여러 번 반복해서 사용 가능한 2차전지가 새로운 성장사업이 될 것이라는 기대감이 있었다. 다만 글로벌 경쟁력을 갖추기 쉽지 않았던 탓에 미완의 영역으로 자리 잡았다. 당장 2000년대 초반 리튬이온배터리 시장은 산요와 소니 등 일본 기업이 90% 이상을 점유했다. 삼성, LG 등 국내 대기업들이 21세기를 전후로 관련 산업에 뛰어들었지만 매년 수천억 원의 적자를 기록하면서 돈 먹는 하마로 전락했다. 그룹마다 철수를 고민했을 정도로 실적이 악화했다.

다른 기업들도 마찬가지다. 한 IB 업계 관계자는 "15년 전에도 2차전지업에 대한 이야기가 많았지만 모두 막연한 기대"였다며

"적자 기업만 즐비해 있어 투자처로는 기피 대상이었다"라고 말했다.

이런 케이스를 하나만 꼽자면 코스모그룹이 있다. 코스모그룹은 비디오 등 기록 미디어 사업을 하던 새한미디어를 2010년 1000억 원에 인수해 코스모신소재로 이름을 바꿨다. 2차전지용 소재 기업으로 탈바꿈할 수 있다는 분석이었다. 그러나 대규모 투자와 업황 악화 등으로 2012년부터 4년 연속 적자를 냈다. 2014년, 2016년 매각을 추진하는 등 그룹 내 골칫덩이로 떠올랐다. 투자 실패는 그룹사의 위기로 전이됐다. 코스모그룹의 오너는 GS그룹 방계로 분류되는 허경수 회장이다.

2015년 그룹의 지주회사인 코스모앤컴퍼니를 PEF 운용사 에스지프라이빗에쿼티와 케이스톤파트너스 컨소시엄에 매각했다. 이후 코스모화학의 인천 공장 부지, 본사 사옥, 계열사 골프용품 업체 마루망코리아 지분 등 1380억 원의 자산을 매각하는 등 한동안 허리띠 졸라매기에 나서야 했다. 코스모신소재도 10만 평의 사택 대지를 매각하고 부실 사업부를 정리했다. 이런 사례가 쌓이자 2차전지 섹터가 유망하지만 당장 뛰어들기 어렵다는 분위기가 지배적이었다.

그러나 될성부른 나무에 투자하는 것은 결국 시간문제다. 테슬라를 필두로 전기차 시장이 급격히 커지면서 2차전지 시장은 폭발적으로 성장하고 있다. 위기를 넘긴 코스모신소재는 2차전지 양극

활물질의 호황 속에 시가 총액이 1조 원을 넘어섰다. 2차전지 시장을 먼저 알아본 사모펀드 운용사는 투자자^{LP}들의 호응 속에 높은 수준의 성과를 내고 있다.

죽음의 계곡 넘고 투자 경쟁력을 입증한 2차전지 ─────

삼성전자, SK하이닉스는 국내 코스피 시장 1, 2위 업체다. 메모리 반도체 분야에서 세계 시장을 석권하며 국내 수출을 견인하고 있다. 자동차, 조선업 등 중후장대 산업과 함께 한국 경제를 지탱하는 거대한 기둥이다.

최근에는 2차전지가 새로운 기둥으로 뜨고 있다. 전기차 시장과 에너지저장장치^{ESS} 분야가 급격히 커지면서 관련 업체들이 일제히 주목받고 있다. 2020년 500억 달러를 넘긴 배터리 시장 규모는 2025년 1600억 달러로 성장해 메모리반도체 시장(1490억 달러)을 뛰어넘을 전망까지 나온다.

2차전지 시장의 성장은 예고된 변화이지만 투자는 전혀 다른 영역이다. 투자처로 삼기에 '숫자'가 부적합하기 때문이다. 일단 매출이 거의 미미한데다 연구개발비로 대규모 적자가 나오는 탓이다. 성장 시나리오를 정확히 분석해 적확한 타이밍에 투자에 나선 곳만이 2차전지 시장에 성공적으로 투자했다. 2차전지인 리튬이온배터리의 4대 구성요소는 양극과 음극, 분리막, 전해질이다.

전지 내부에서 양극과 음극 사이를 리튬이온이 이동하면서 전기를 발생시키는 방식이다.

국내 사모펀드가 2차전지 업체를 본격적으로 투자한 시기는 2010년이 지나서부터다. JKL파트너스와 퀸테사인베스트먼트가 2013년 656억 원을 투자해 파낙스이텍의 2대 주주가 됐다. 파낙스이텍은 원래 제일모직(현 삼성물산)의 한 사업부였다. 2008년 국내 최대 안료 제조사인 육성화학에 인수됐으며 2차전지의 핵심 재료인 전해액을 만든다. 중국 코타이하우룽과 캡켐, 일본 미쓰비시 화학이 독점해온 전해액 시장에서 국산화를 처음으로 이끌었다.

그러나 시장 규모가 제한적인 것이 문제를 불러왔다. 2014년 삼성과 애플 간 스마트폰 전쟁이 벌어지면서 애플이 삼성SDI 2차전지 주문량을 대거 줄였다. 삼성SDI의 주 매출처인 파낙스이텍도 매출 절벽에 직면했으며 투자 후 4년간 총 200억 원이 넘는 적자를 기록했다. 앵커 출자를 한 한국정책금융공사(현 산업은행)와 한국증권금융은 난감한 상황에 빠졌지만 시장의 빠른 성장으로 반전이 이뤄졌다. 2018년 흑자 전환에 성공했으며 이듬해 아주그룹 등과 경쟁해 동화그룹이 1122억 원에 사들였다. PEF는 6년 만에 70%의 수익을 얻었다. 죽음의 계곡을 넘어선 파낙스이텍은 동화일렉트로라이트로 이름을 바꾸고 화려하게 비상하고 있다. 구 경영진이 PEF의 자금을 받아 공동으로 시장을 선점한 것이 부활의 밑바탕이 됐다.

국내 목재 가공 1위 기업인 동화그룹은 국내 2위 전해액 제조사 인수로 전통기업에서 성장기업으로 완전히 탈바꿈했다. 미래 산업을 이끌어나갈 기업을 손에 쥐자 기업가치는 2년 새 3배가량 높아졌다. 국내 중소·중견 기업도 얼마든지 신성장동력을 확보할 수 있음을 여실히 증명해냈다.

미래 성장이 보장되면 투자금이 몰린다

2차전지 시장이 본격적으로 상승 조짐이 있을 때 투자한 곳은 소위 대박을 터뜨렸다. 에코프로비엠은 에코프로가 2차전지 재료 사업에 집중하기 위해 2016년 회사 내 사업부를 물적 분할해 신설한 회사다. 국내 최초로 전기자동차 등에 쓰이는 리튬이온 2차전지용 니켈계 양극화 물질 양산에 성공했으며 2015년 전 세계 물량의 26%를 생산했다. 일본의 스미토모 화학에 이어 시장 점유율 2위 업체로, 삼성SDI, 소니 등을 주요 거래처로 확보하고 있다. 양극재는 전기에너지를 저장하고 방출하는 소재로 전기차의 성능을 높이는 데 핵심적 역할을 한다.

에코프로는 2차전지 시장 진출을 위해 외부 투자유치를 진행했다. 이때 BNW인베스트먼트와 기업은행PE, SK증권PE는 2016년 600억 원을 투자했다. 당시 에코프로비엠의 기업가치는 2000억 원이었다. 그러나 금융기관들은 쉽사리 투자를 결정하지 못했다. 2015년 에코프로의 2차전지 재료 관련 매출은 756억 원에 불과했다. 이런 기업에 2000억 원의 몸값이 타당한지 결론을 내리지 못한 것이다. MG새마을금고중앙회는 2차전지 분야 밸류체인 구축을 주요 투자 포트폴리오로 삼으며 우여곡절 끝에 주요 투자자로 이름을 올렸다. 미래 성장산업은 시간의 문제지 결국 외부투자를 통해 한 단계 도약한다는 믿음을 가졌다.

이런 판단은 적중했다. BNW인베스트먼트를 비롯한 PEF는 투자 2년 반 만에 원금의 5배에 달하는 수익을 올렸다. 내부수익률 IRR 90%라는 경이적인 엑시트 성과를 거뒀다. 세컨더리 딜을 하는 운용사도 동반해 함박웃음을 지었다. LB프라이빗에쿼티(이하 LB PE)는 2017년 12월 세컨더리펀드를 통해 BWN인베스트먼트-SKS PE의 에코프로비엠 지분 210억 원어치를 매입했다. 이후 2년 반 만에 장내 매도로 원금의 2.5배가량의 시세차익을 얻었다. 현재는 양극재 시장의 선두주자로 부각되면서 2021년 말 시가총액이 10조 원을 넘어서며 코스닥 시가총액 1위를 넘보는 기업이 되었다.

스틱인베스트먼트는 2차전지용 동박 생산업체 일진머티리얼즈의 성반 동반자를 선택했다. 스틱은 2019년 11월 6000억 원을 투자한 것에 이어 2021년 4월 8000억 원을 추가로 집행했다. 바이아웃 딜이 아닌데도 1년 반 만에 무려 1조 4000억 원을 한 기업에 투자한 만큼 '통 큰 베팅'이라는 평가다. 2019년 투자는 말레이시아 자회사인 IMM테크놀로지의 공장 증설에 쓰였다.

두 번째 투자금은 IMM테크놀로지의 유럽 생산라인 구축에 사용된다. 스웨덴의 대표적 배터리 기업인 노스볼트 공장 인근에 증설을 검토하고 있는 것으로 전해진다. 일진머티리얼즈는 2021년 노스볼트와 10년간 최소 4000억 원 규모의 장기 공급 계약을 맺었다. 노스볼트는 유럽 내 대표 배터리 업체로 폭스바겐이 배터리 내재화를 추진하면서 맞손을 잡았다.

스틱의 과감한 투자는 동박 시장의 성장성과 일진머티리얼즈의 경쟁력을 모두 높이 평가해 이뤄졌다. 시장조사업체 SNE리서치에 따르면 세계 전기차 배터리용 동박 시장 규모는 연평균 30% 성장해 2018년 1조 원대에서 2025년 14조 3000억 원대로 커질 것으로 전망된다. 2019년 기준 세계 동박 시장 점유율은 대만 창춘(12.9%)이 1위, 일진머티리얼즈(9.7%)가 2위, SK그룹 계열 SKC(7.4%)가 3위를 점하고 있다.

스틱이 투자한 IMM테크놀로지는 2020년 말 한국투자증권과 신한금융투자를 상장 주관사로 내정하고 상장 준비 작업에 착수했다. 조 단위 상장이 예상되면서 스틱의 수익률에 관심이 쏠리고 있는 상황이다.

진대제 회장이 이끄는 스카이레이크는 2020년 두산그룹으로부터 솔루스첨단소재(옛 두산솔루스)를 약 7000억 원에 사들였다. 동박, 전지박을 생산하는 업체로 두산의 미래로 불린 회사지만 그룹 구조조정 탓에 매각했다. 새마을금고를 비롯한 금융기관들이 솔루스첨단소재 출자를 순조롭게 승인했다. 향후 2차전지 분야의 경쟁력과 성장성을 인정한 덕분이다.

2차전지 생산 업체에만 자금이 쏠리는 것은 아니다. 산업 관련 유관 업체에 대한 투자 건들도 속속 늘어나고 있다. 지난해 제이앤PE는 양극재 레이저 노칭 장비를 개발한 디이엔티에 150억 원을 투자했다. 이스트브릿지파트너스와 휠 생산업에 핸즈코퍼레이션은 2차전지 검사장비업체 이노메트리를 756억 원에 인수했다. 핸즈코퍼레이션은 시드프라이빗에쿼티(시드PE)가 핸즈코퍼레이션에 '실탄'을 받으며 투자에 나설 수 있었다. 앞서 2016년 220억 원 규모의 프리IPO 투자로 연을 맺었으며 2020년 220억 원을 추가로 투입해 강소기업의 사업 확장을 도왔다.

범현대가[※]로 분류되는 후성그룹도 2021년 헤임달프라이빗에쿼티로부터 1100억 원을 투자받았다. 후성그룹이 그룹 내 성장사업인 2차전지 전해질 첨가제, 반도체용 에칭가스 등을 생산하는 중국 및 폴란드 소재 자회사를 후성글로벌로 물적분할하며 외부 투자유치를 받았다. 불소 화합물 제조기업 후성은 전통 산업이지만 냉매 가스를 기반으로 2차전지 핵심 소재로 확장하며 경쟁력을 확보했다는 평가다. MG새마을금고, 한국증권금융과 캐피탈 상위사 4곳이 투자를 확정하며 이른 시일 내 투자금 모집을 마무리했다. 그만큼 이 분야에 대한 투자자의 관심이 쏠려있다.

투자자[LP]들이 2차전지 분야의 밸류체인 구축에 높은 관심을 보이는 만큼 이를 활용한 투자 전략이 필요하다. 재무적투자자[FI]는 아직 투자처를 찾지 못한 기업들을 발굴해 성장 사다리를 놓는 빠른 행보가 요구된다. 기업들에게도 기회다. 전통 산업 분야의 독보적 기술력을 갖고 있지만 성장 산업을 찾지 못해 쇠락해가는 국내 기업들이 많다. 동화그룹, 핸즈코퍼레이션과 같이 2차전지 섹터 기업들을 투자해 새 성장동력을 찾는 전략적 행보가 미래를 보장해주는 단비가 될 수 있다. 후성처럼 기술력을 기반으로 2차전지 산업으로 나아갈 수 있는 기업이 있다면 FI들의 투자를 받아 확장 전략을 펼치는 지혜가 필요하다.

미래 성장 산업으로 분류되는 수소, 친환경, 바이오 등으로 확장 가능한 기업들도 같은 전략 실행이 가능하다. 자본 시장을 이용하는 영리한 기업만이 급격히 변화하는 시장에서 꾸준히 성장할 수 있다. 기업들은 주저하지 말고 PEF와 손잡고 미래를 그려 나가야 한다.

23

경영권 손 바뀜, 세컨더리 마켓

최근 국내 M&A 시장에서 '세컨더리' 투자에 대한 관심이 높아지고 있다. 2004년 출범한 국내 사모펀드^{PEF} 시장이 어느새 17년 차 성숙기에 접어들면서 선진국형 투자금 회수^{exit} 방안으로 인식된 '세컨더리^{Secondary}'가 재조명되고 있다. 세컨더리 거래는 사모펀드^{PEF}가 투자한 자산이나 지분을 다시 PEF가 인수하는 것을 뜻한다. 특히 경영참여형 PEF의 수와 펀드 규모가 매년 폭발적으로 증가하면서 세컨더리 시장 활용 방안이 다양하게 논의되고 있다.

M&A 시장 큰손인 PEF는 그동안 투자에 집중했다. 경영참여형 PEF에 출자 약정된 금액은 2021년 3월 말 기준 100조 원을 넘어섰다. 2004년 약정액 4000억 원으로 시작해 도입 17년 만에 250배 이상 급성장했다. 약정된 금액이 눈덩이처럼 불어나면서

투자 집행 금액도 매년 증가하고 있다. 2020년 말까지 누적 70조 6000억 원이 투자되면서 PEF가 가지고 있는 포트폴리오 기업의 수와 규모도 점차 확대되고 있다. 같은 기간 PEF는 855개로 2015년(316개)보다 2.7배 늘어났다.

문제는 펀드 만기가 다가오면서 엑시트 필요성이 커졌지만 기업들의 인수 의지는 이에 못 미친다는 점이다. 저성장에 따른 경기 침체가 장기화되면서 국내 전략적투자자[SI]들은 예전과 달리 선뜻 기업 인수에 나서지 못하고 있다. 또 다른 출구인 기업공개[IPO] 역시 매각과 달리 경영권 프리미엄을 받기 어려운 데다 공모가 수요 예측을 앞두고 몸값 눈높이를 낮춰야 해서 뚜렷한 장점이 없다. 지난 5년간 PEF가 바이아웃으로 보유한 기업이 증시에 상장한 사례는 2017년 MBK파트너스의 오렌지라이프(현 신한라이프생명보험)와 VIG파트너스의 삼양옵틱스 정도를 제외하면 극히 드물다. PEF들이 점차 세컨더리 시장에 눈을 돌리는 이유다.

세컨더리 시장의 공급이 증가하면서 한국 PEF 시장도 '선진국 모델'로 점차 이동할 것이라는 관측에 무게가 실린다. 해외 PEF 운용사들의 경우 다른 PEF 운용사에 엑시트(투자금 회수) 하는 비중이 30%에 육박한다. 미국 등은 수십 년간 투자를 지속하면서 엑시트 창구로 세컨더리 시장을 적극적으로 육성했다. 투자 규모도 매년 급속히 늘어나고 있다. 대체투자 세컨더리 전문 자문사인 세터 캐피탈[Setter Capital]에 따르면 2019년 상반기 글로벌 대체투자 세컨더리 거래금액은 460억 달러로 전년 동기 대비 25.4% 증가한 것으로 나타났다.

반면 국내 세컨더리 시장은 아직 초기 단계다. 국내에서는 대신PE와 SK증권PE가 손잡고 세컨더리 투자를 전문으로 하는 2000억 원 규모 블라인드 펀드를 2016년 조성한 것이 최초다. 이후 LB인베스트먼트와 아주IB투자도 이 분야에 뛰어들었지만 시장 규모에 비해서는 작다.

엑시트 방안으로 급부상 중인 세컨더리 딜

국내 PEF 간 세컨더리 거래는 초기 외국계 PEF를 중심으로 가끔 눈에 띄었다. 국내 사모펀드인 VIG파트너스가 지난 2015년 패스트푸드 체인인 한국버거킹을 홍콩계 사모펀드인 어퍼니티에쿼티파트너스[AEP]에 매각한 게 대표적이다. 그러나 최근 기류가 변하고 있다. 앞서 투자한 PEF는 펀드 청산 기한을 지켜야 하고 시장 유동성 속에 자금력을 갖춘 PEF는 신규 투자처를 찾아야 해서 세컨더리 거래에 대한 이해관계가 맞아 떨어졌다.

LP들의 인식이 변화한 것도 국내 세컨더리 거래가 늘어나는 데 결정적인 영향을 미쳤다. 과거엔 다음과 같았다. 펀드는 피투자 기업에서 취할 수 있는 모든 것들을 수행하고 투자금을 회수했다. 그럼 더 이상 기업가치 제고를 할 만한 게 남지 않았다. 그럼 앞선 펀드 LP의 투자금 회수를 위해 비싼 가격에 사는 게 적정한지, 새로 투자하는 LP가 자칫 다른 LP의 배만 불려주는 것 아닐까 생각하게 된다. 앞선 펀드와 새로 투자한 펀드에 모두 출자한 LP는 수익실현인지 아님 폭탄 돌리기인지 애매해진다. 명분이 궁색해지니 초기 세컨더리 거래에 출자를 결정하는 LP는 극히 드물었다.

그러나 PEF들이 세컨더리 딜로 성과를 내자 LP들의 심리적인 저항을 뚫어냈다. 전자소재 기업 테이팩스가 좋은 예시이다. 테이팩스는 공업용 테이프 제조회사로 1994년 설립됐다. 반도체 2차전지 등 각종 정보기술^{IT} 제품 공정용 테이프를 전문적으로 생산한다. 소비자들에게는 '유니랩' 브랜드의 식품 포장용 랩, 비닐봉지, 비닐장갑 등으로 알려져 있다.

JKL파트너스-산은캐피탈은 2010년 창업 주주로부터 테이팩스 지분 82.86%를 450억 원에 인수했다. 2010년 당시 788억 원이던 테이팩스 연간 매출액은 2년 사이 1000억 원을 웃돌았다. PEF의 경영효율화 전략이 곧바로 빛을 발했다. 2013년 스카이레이크인베스트먼트와 사모펀드 칼라일 컨소시엄은 세컨더리 딜로 테이팩스를 1100억 원에 사들였다. JKL파트너스는 3년 만에 원금의 두 배 넘는 금액을 벌었다.

스카이레이크 컨소시엄은 다른 밸류업 작업을 통해 테이팩스의 성장을 도모했다. 2015년 매출은 1135억 원으로 늘었으며 113억 원의 영업이익을 내는 캐시카우 기업으로 성장했다. 2016년 한

솔케미칼은 NH증권PE-아주IB투자와 함께 테이팩스를 1400억 원에 샀다. 스카이레이크 컨소시엄은 매각 차익과 배당 등을 통해 연 20% 넘는 수익률을 올렸다. 한솔그룹 품에 안긴 테이팩스는 2017년 기업공개^{IPO}에 성공했으며 시가총액 3500억 원을 넘는 기업으로 성장했다. 각기 성장전략을 통해 기업을 꾸준히 키운 모범적인 케이스다.

세컨더리에 주목하는 이유

PE 세컨더리 딜은 분명한 장점이 있다. 우선 예측 가능성이 분명하다. PE는 통상 짧게는 3년 길게는 7년 내 기업 매각을 추진한다. 매각을 항상 염두에 두기 때문에 선제적 리스크 관리에 집중한다. 인수 실사 도중 중대한 회계 또는 법률적 이슈, 기타 우발채무가 발견될 가능성이 작다. 또 PEF가 한 차례 사업 조정과 전략 수정을 수행한 만큼 J커브(투자 초기 수익률이 마이너스가 되는 현상) 효과가 줄어든다.

조직 문화 역시 강점으로 꼽힌다. PEF는 인수 후 통합^{PMI} 과정에서 명확한 보상 체계를 도입한다. 단기간 내 성과를 내려면 조직 구성원의 자발적 참여가 필수 불가결하기 때문이다. 결과 중심적이고 책임경영을 조직 문화로 받아들인 임직원이 있어 경영 탄력성이 높다. 원하는 전략을 큰 비용과 시간 없이 도입할 수 있다.

기업의 핵심 전략이 분명해 인수 계획을 짜기 용이하다. PEF는 '선택과 집중'을 통해 효율화를 추구한다. 몇 가지 추진사업만 집중적으로 실행해 기업가치를 높인다. 통상 그 부분은 최고점에 다다른다. 이제 다른 플레이어 중 "나라면 이 부분을 통해 기업을 한 단계 성장시킬 수 있어"라고 판단이 서면 기업 인수를 하면 된다. PEF는 언제든 팔 준비가 되어있기 때문이다.

마지막으로 투자금 회수 기간이 짧고, 검증된 포트폴리오 투자이기에 안정성이 상대적으로 높다. 순자산가치^{NAV, Net Asset Value} 대비 디스카운트된 매입이 가능해, 초기 IRR(내부수익률)이 높게 나오는 특성도 있다.

이런 이유 때문에 세컨더리 딜이 폭발적으로 증가하고 있다. 코로나19로 시장이 위축되기 전인 2019년 국내에서 이뤄진 세컨더리 거래는 수조 원을 웃돈다. 베어링PEA는 애큐온캐피탈·저축은행(6000억 원)을 JC플라워로부터 인수했고, 글로벌 사모투자펀드 운용사인 블랙스톤은 앵커에쿼티파트너스의 제약유통업체 지오영을 1조 1000억 원에 인수했다.

국내 토종 PEF들의 대표적인 딜 거래액도 증가하는 추세다. KTB PE가 2018년 12월 웰투스인베스트먼트에 매각한 전진중공업은 거래액이 2563억 원에 달해 시장의 관심을 받았다. 이 거래는 국내 PEF끼리 1000억 원이 넘는 회사 경영권을 사고판 첫 사례다. 이밖에 케이스톤PE가 하일랜드에쿼티파트너스가 들고 있는 E-플랫폼 기업 이브릿지를 인수(700억 원)했으며 유니슨캐피탈의 유모메트 매각(에버그린, 1300억 원), 유진프라이빗에쿼티의 한국자산평가(캑터스프라이빗에쿼티, 800억 원), VIG파트너스의 삼양옵틱스(LK투자파트너스·A2파트너스 컨소시엄, 1200억 원), 카무르프라이빗에쿼티의 윌비에스엔티(웰투시인베스트먼트·ACPC PE, 700억 원) 거래 등이 줄줄이 이뤄졌다.

2021년에도 세컨더리 딜이 눈에 띈다. 구인·구직 매칭 플랫폼인 잡코리아 경영권 매각은 2021년 상반기에 이뤄진 대표적인 거래다. 글로벌 PEF 어피너티에쿼티파트너스는 H&Q코리아로부터 잡코리아 지분 100%를 9000억 원에 사들였다. 잡코리아는 시장 점유율 약 40%를 보유한 국내 1위 취업 플랫폼이다. 파트타임 채용 플랫폼인 알바몬을 자회사로 보유하고 있다. 알바몬 또한 시장 점유율 1위 60%를 확보하고 있다.

어피너티는 잡코리아의 플랫폼을 활용해 인재 채용을 넘어선 성장 전략을 구상하고 있다. 방대한 채용 데이터와 IT 부문을 강화해 기업의 인사관리^{HR} 부문까지 사업을 확장할 계획이다. 기업의 한 단계 도약이 가능하다고 판단해서 과감하게 베팅했다.

세컨더리 빅딜은 확대되는 추세다. 프리미엄 골프용품 업체 마제스티골프는 오케스트라어드바이저코리아에서 스마트스코어·스트라이커캐피탈매니지먼트·SG PE 3자 컨소시엄으로 손 바뀜했다. 전체 기업가치^{EV}는 약 3000억 원으로 3년 반 만에 3.5배가량

가치가 상승했다. 스마트스코어라는 골프장 IT 솔루션 플랫폼 업체가 SI로 참여했지만 투자 금액 대부분을 FI가 조달해 사실상 세컨더리 딜로 분류된다.

크로스보더(국경 간 거래)에서도 세컨더리 딜이 이뤄졌다. 국내 중견 PEF 센트로이드인베스트먼트는 2021년 8월 미국 PEF 운용사 KPS캐피탈파트너스에게 세계 3대 골프용품 업체 테일러메이드를 1조 9000억 원에 인수했다. 테일러메이드는 아쿠쉬네트·캘러웨이골프와 함께 세계 3대 골프용품 업체다. 세계 랭킹 1위 더스틴 존슨을 비롯해 타이거 우즈, 로리 매킬로이 등 세계 톱 선수들이 테일러메이드 드라이버를 사용하는 것으로도 유명하다. 국내 중견 의류업체 FNF가 4000억 원을 투자하며 SI로 참여했다. 이제 국경을 넘어 해외 PEF의 포트폴리오 기업까지 국내 PEF의 투자 대상이 됐다. PEF 간의 손 바뀜은 이제 글로벌 수준이 눈앞에 다가왔다는 평가다.

다만 펀드에 출자한 투자자[LP] 지분을 사고파는 세컨더리 시장은 미국, 유럽과 달리 더디게 성장할 것으로 예상된다. 제도상 LP 간 지분 거래가 용이하지 않는 것도 이유지만 근본적으로 세컨더리 거래를 할 만큼 LP 풀이 넓지 않다. 국내는 해외와 달리 PEF가 주도하는 세컨더리 거래가 주요 형태가 될 수밖에 없다.

24
전통기업의 사업 재편

'모든 길은 로마로 통한다'는 로마제국도 1000년이 지나자 붕괴했다. 세계 최대의 제국을 건설한 원나라는 90년 만에 망했다. 다른 제국들도 지속되는 시간의 편차만 있을 뿐 결국에는 무너졌다. 혁신에 뒤처지고 비효율적인 관행이 늘어나면서 사회를 결속할 구심력을 잃은 탓이다.

기업도 마찬가지다. 전 세계적으로 200년 이상 이어온 기업이 5000개에 불과하다. '백년기업'은 손에 꼽히는 데다 이 기업들이 최고의 경쟁력을 가진 것도 아니다. 1920년대 이후 세계 자동차 시장을 평정한 GM은 한때 미국 시장 점유율 57%를 확보했다. 그러나 기술개발·품질혁신·원가절감에 뒤처지면서 2009년 6월 파산 보호를 신청하는 신세로 전락했다.

미국 시가총액 상위 기업의 변동만 보더라도 기업의 흥망성쇠는 빠르게 이뤄진다. 2000년 미국 시가총액 1위 기업은 제너럴 일렉트릭^{GE}이다. 1987년 에디슨이 설립한 전기조명 회사를 모체로 성장한 세계 최대의 글로벌 인프라 기업이다. 2위는 1984년 설립된 미국의 네트워크 통신회사 시스코 시스템즈다. 3위는 1911년 설립된 미국 석유업체 엑손모빌이다.

2020년에는 판도가 완전히 바뀌었다. 미국 시가총액 상위 기업 대다수가 업력이 30년도 채 되지 않은 곳들이다. 1위 기업은 스마트폰의 전설을 쓴 애플이다. 1976년 설립된 애플은 미국에서 최초로 시가총액이 2조 달러를 돌파했다. 그 뒤를 마이크로소프트(1995년)가 쫓고 있다. 정보통신 혁명의 대표적 기업인 마이크로소프트는 애플의 뒤를 이어 시가총액 2조 달러 클럽에 가입했다. 그 뒤로 아마존닷컴(1994년), 페이스북(2004년), 구글의 모회사인 알파벳(1998년), 테슬라(2003년)가 포진해있다. 이들은 정보통신 혁명, 4차 산업혁명을 거치며 글로벌 거인으로 우뚝 선 기업이다.

이런 변화는 전통기업에겐 경악에 가깝다. 오랜 기간 최고의 품질, 기술력으로 시장을 장악해왔지만 새롭게 생겨난 기업들과 경쟁이 되지 않기 때문이다. 국내에서도 마찬가지다. 의도된 적자로 몸집을 키운 쿠팡이 100조 원의 몸값으로 나스닥에 상장하자 유통업계는 놀라움을 넘어 두려움에 빠졌다. 현실에 안주하면 곧 모든 시장점유율을 뺏길 수 있다는 공포다.

전문가들은 4차 산업혁명이 시작된 지난 10년 동안 '삶은 개구리 증후군'에 빠진 기업들을 질타했다. 점점 고조되는 위험을 미리 인지하지 못하면 화를 당하게 됨을 비유하는 말이다. 개구리가 뜨거운 물에 들어가면 바로 뛰쳐나와 살 수 있다. 그러나 냄비 속 찬물에 있으면 서서히 끓는 걸 모르다 죽는다는 것이다.

그러나 지금은 이런 설명으로도 불충분하다. 현재 기업들은 외형적 변화는 알고 있지만 고통을 느끼지 못하는 나병 환자의 슬픔과 같은 상황에 부닥쳐있다. 나병 환자는 고통을 느끼지 못하는 것이 고통이다. 감지 능력이 떨어져 시시각각 닥쳐오는 위기에 대처하지 못한다. 전통기업의 오너들이 빠진 위기는 바로 변화하는 경영 환경에 대처하지 못하는 대응 능력에 있다.

대기업, 혁신 바다에 뛰어들다 ————

대기업은 조직이 커지면서 탄력성이 다소 떨어지지만 대응 능력은 뛰어나다. 인재들이 곳곳에 포진해있고 언제든 투자할 수 있는 자본도 넉넉하다. 유통 대기업들의 최근 행보가 이를 여실히 보여준다. 유통 대기업은 쿠팡, 배달의민족 등 애플리케이션 기반의 플랫폼이 시장을 점차 잠식해나가자 위기감을 드러냈다. 2021년 3월 쿠팡의 나스닥 상장으로 변화의 방아쇠가 당겨졌다. '메기'인 줄 알았던 쿠팡이 시가총액 100조 원의 기업으로 평가받았기 때문이다. 쿠팡이 대기업을 능가하는 투자 실탄을 마련하자 이대로는 침몰할 수 있다는 공포를 느꼈다.

신세계 그룹이 가장 극적인 변화를 보여줬다. 신세계 그룹은 오프라인 유통업의 하향 곡선이 지속되자 온라인 채널을 강화해 왔다. 이커머스 기업인 쓱닷컴(SSG닷컴)은 2018년 사모펀드^{PEF} 운용사인 어피너티에쿼티파트너스·블루런벤처스로부터 총 1조 원의 투자자금을 유치했다. 이를 통해 SSG닷컴은 당일배송(쓱 배송)을 실시하며 온라인 시장에 대응했다. 그러나 2021년부터는 색채를 완전히 바꿨다. 정용진 부회장은 신년사에서 "지지 않는 싸움을 하겠다"라며 "반드시 이기는 해를 만들 것"이라고 밝힌 후 공격적인 투자 행보를 보였다.

그리고 네이버와의 지분 교환을 시작으로 프로야구단 SSG 랜더스, 온라인 패션 편집숍 W컨셉, 오픈마켓 3위인 이베이 코리아, 스타벅스 커피 코리아까지 인수해 유통업계 전방위에서 영향력을 키우고 있다. 이들을 인수하는 데 들인 금액만 4조 5000억 원이 넘는다.

GS리테일도 전방위적 투자에 나서고 있는 기업이다. 편의점 GS25, 슈퍼마켓 GS더프레시 등 오프라인 매장이 주축인 GS리테일은 쿠팡과 함께 배달의민족 등의 공세에 깊은 고심에 빠졌다. 신성장동력을 찾지 않으면 빠르게 변하는 고객의 소비패턴에 따라가지 못하고 급격한 하락세에 직면할 수 있다는 우려였다.

2021년에만 배달 대행업체 부릉을 운영하는 메쉬코리아, 국내 반려동물 1위 플랫폼 펫프렌즈, 중고거래 플랫폼 1위 당근마켓 등에 잇따라 투자했다. 기존 오프라인 위주 사업과 시너지를 낼 수 있는 유망 스타트업 중심으로 투자 포트폴리오를 꾸리고 있다. GS리테일은 주요 도시에 소형 물류거점 400여 곳을 확보한 부릉과 함께 주문 1~2시간 내 즉시 배송 서비스를 선보일 계획이다. 당근마켓과는 상호 시너지 효과를 발휘하는 사업모델을 시행하고 있다. 편의점 GS25, 슈퍼마켓 GS더프레시 등 1만 6000여 곳에 이르는 GS리테일 매장에서 나오는 유통기한 임박 상품 등을 당근마켓을 통해 '땡처리'하는 서비스를 제공한다.

SK그룹은 탄소 관련 사업을 잇달아 정리하고 친환경 사업을 확대하고 있다. SK이노베이션은 2021년 4월 윤활유 자회사인 SK루브리컨츠의 지분 40%를 1조 1200억 원에 매각했다. 앞서 자회사 SK에너지가 보유한 주유소 115곳을 팔아 7600억 원을 현금화했다. 정유·석유화학 사업을 영위하는 SK종합화학 지분 49%도 매각을 추진하고 있다. 여기에 7개의 도시가스 자회사를 보유한 SK E&S를 통해 2조 원 규모의 투자유치를 진행하고 있다. '탄소 비즈니스'의 사업 비중을 줄이고 대신 친환경 미래산업에 투자하려는 목적이다. 현대차는 1조 원이 넘는 세계적 로봇 전문 업체 보스턴다이내믹스를 인수하고 미국 내 전기차 생산과 설비 확충, 수소, 도심 항공교통[UAM], 로보틱스, 자율주행 등 미래 성장동력 확보에 총 8조 원 넘는 돈을 투자하겠다는 계획을 발표했다.

보수적인 문화가 짙은 KT 역시 케이뱅크의 외부 투자유치를 끌어내며 카카오뱅크 따라잡기에 나서고 있다. 2021년 총 1조 2000억 원의 투자금을 유치했다. MBK파트너스와 베인캐피탈이 각각 2000억 원, MG새마을금고가 대표 출자자[LP]로 참여한 토닉프라이빗에쿼티가 1500억 원, JS프라이빗에쿼티와 신한대체투자운용이 공동 결성한 사모펀드가 1250억 원, 게임회사 컴투스가 500억 원을 투자한다.

지금 언급한 기업들은 큰 변화의 일부다. 대기업들은 저마다 전통 산업을 기반으로 유관 산업으로 확장하거나 신규 사업을 발굴해 미래 성장동력을 키워나가고 있다. 대기업은 비핵심 계열사를 PEF에 매각하거나, 신성장산업의 투자금을 PEF로부터 유치해 공동 성장하는 파트너로 삼고 있다. 즉, 대기업 발전에 사모펀드의 역할이 나날이 커지고 있다는 것을 발견할 수 있다.

갈 길 잃은 중견·중소기업의 해결책은 투자금 유치

자동차 산업이 급변하고 있다. 내연기관 중심의 산업이 전기·수소 등 친환경 차로 패러다임이 완전히 바뀌고 있다. 몇 년 전만 해도 테슬라가 만든 전기차에 대한 불신이 팽배했지만 지금은 길거리에서 테슬라 차량을 쉽게 찾아볼 수 있다. 기술력이 높아진데다 탄소중립이 업계의 화두로 떠오르면서 미래의 자동차는 전기·수소차로 좁혀지고 있다.

이미 글로벌 자동차 회사들은 친환경 차량 시장에 사활을 걸고 있다. 글로벌 자동차 기업인 GM은 2035년부터 내연기관 자동차 생산 중단은 선언했다. 볼보는 2030년 내연기관 자동차 생산을 중단한다고 밝혔다. 현대차그룹도 2040년부터 미국과 유럽 등 주요 시장에서 전기, 수소차만 판매하겠다는 계획이다.

친환경 차의 등장은 내연기관의 시대가 저무는 것을 의미한다. 내연기관 자동차를 만드는 데 쓰이는 부품은 대략 2만 개다. 그동안 내연기관 시장을 장악한 기업들은 몇 년 내 생존의 위기에 직면하게 된다. 대기업들은 이미 변화에 뒤처지지 않기 위해 혁신의 바다에 뛰어들었다.

그러나 내연기관 제조를 담당한 중견·중소 업체 중 신성장동력을 적극적으로 찾는다는 소식은 찾아보기 어렵다. 방법을 모르기 때문이다. 그저 상황이 나아지길 바라며 천수답 경영만 하고 있을 뿐이다.

그래도 이 중 일부는 생존 전략을 적절히 짜고 있다. 자동차 부품회사 엠에스오토텍은 자본시장과 함께 호흡하며 성장한 회사다. 1990년 설립된 엠에스오토텍은 현대·기아차의 1차 협력사로 차체 부품을 공급하며 성장한 회사다. 30여 년간 사업을 영위하며 확보한 핫스탬핑 Hot Stamping 공법을 활용해 일찍이 친환경 차 시장에 진출했다. 핫스탬핑 공법은 900도 이상의 높은 온도에서 강판을 가열한 후 급속 냉각해 모양을 만드는 기술이다. 기존 두께를 유지하면서 강도를 높이고 경량화를 실현할 수 있다. 경량화가 필수인 전기차 등 미래형 자동차에서 핵심 부품으로 떠 올랐다.

엠에스오토텍은 단일 생산 기준으로 핫스탬핑의 세계 최대의 생산라인을 운영하는 자회사 명신산업의 투자유치를 통해 경쟁력을 키워왔다. 2013년 도미누스인베스트먼트가 330억 원을 투자했으며 2015년에는 키스톤PE·송현인베스트먼트가 380억 원을 투자했다. 앞선 투자자의 엑시트를 위한 투자유치다. 2018년 말에는 하나금융투자PE(500억 원), KB자산운용(400억 원), 화인자산운용·퍼즐인베스트먼트(100억 원) 등 총 1000억 원의 투자금을 조달했다. 명신산업은 비교적 빨리 투자를 받으면서 핫스탬핑 생산설비를 대폭 키웠다.

뛰어난 기술력과 생산설비를 갖추면서 글로벌 자동차 회사의 수주를 따내는 데 성공했다. 특히 2018년부터 미국 테슬라를 고객사로 확보하며 주목받았다. 2020년 하반기 기업공개를 한 명신산업은 공모가 대비 6배가량 높은 기업가치를 평가받고 있다.

엠에스오토텍 그룹은 여기에서 한 걸음 더 나아가고 있다. 전기차 위탁생산^{OEM} 회사를 꿈꾸며 GM군산공장을 사들였다. 자회사 명신을 통해 사업을 진행하고 있다. 자금력이 취약한 엠에스오토텍은 이번에도 자본시장을 활용했다. 2021년 SG PE와 한투PE

로부터 총 1100억 원을 유치했다. 최근 패러데이퓨처, 대창모터스 등으로부터 OEM 물량을 확보한 명신은 이 투자금을 운전자금으로 활용할 계획이다.

엠에스오토텍의 행보는 국내 전통 산업을 영위하는 중견·중소 기업에 시사하는 바가 크다. 투자금을 통해 신산업과 연결된 기술을 확장하는 디딤돌로 사용할 수 있다. 이런 기술이 없다면 그동안 축적해온 방대한 네트워크를 기반으로 신성장 산업에 진출할 수도 있다. 이런 과제는 비단 자동차 내연기관 산업에 국한되지 않는다. 많은 전통 산업들이 '게임 체인저'의 등장으로 위기를 맞고 있다. 기술 발전이 빠를수록 과거의 영광은 쉽게 잊힌다. 지금은 혁신을 이루지 않으면 미래 10년조차 보장할 수 없는 시대다. 그 때문에 풍부한 유동성을 지닌 FI와 손잡고 미래를 찾기 위한 여정을 떠날 때다.

25

ESG(환경·사회·지배구조) 바람이 매섭게 불고 있다. 착한 기업은 사회적 기업에 국한되는 이야기이고, 기업의 사회적 책임은 경영학 교과서에 나오는 개념이라는 인식이 깨지고 있다. 최근 건설사 리베이트 사건, 대장균 분유 사건, 대리점 갑질, 창업주 외손녀 마약 투약, 자사 제품 코로나19 예방 효과 과대 발표 등으로 질타를 받은 남양유업은 경영권을 내놓아야 했다.

또한 탈석탄 흐름이 가속화되면서 '탄소 다이어트'에 나서는 기업들도 늘어나고 있다. SK그룹이 대표적이다. 도시가스 에너지 회사 SK E&S의 투자유치, SK종합화학 지분 49% 매각, 윤활유 회사 SK루브리컨츠 지분 40% 매각 등을 하고 있다. 대신 친환경 경영 드라이브를 걸고 있는 SK건설은 전국 폐기물 업체들을 연달아 사들이고 있다. 사명도 SK건설에서 SK에코플랜트로 변경했다. ESG 시대에 맞는 기업 성장전략을 펼치겠다는 의지의 표현이다.

SK는 최태원 회장이 '사회적 가치 전도사'로 불릴 만큼 시대적 변화에 앞장서 왔다. 2009년에는 사회적 기업 육성 자금으로 500억 원을 내놓았으며 이후에도 여러 지원을 해왔다. 2017년 SK그룹 지주사와 계열사들은 정관에 들어있던 '지속적인 이윤 창출' 문구를 '사회적 가치 창출'로 대체했다. 국내 기업 중에서는 ESG 변화에 가장 민감하고 민첩하게 대응해왔다. 시대적 변화에 따른 체질 개선은 곧 기업의 전반적 성장을 가져왔다. 2010년 초 40조 원에 불과했던 SK그룹의 시가총액은 2021년 7월 기준 210조 원으로 5배 이상 늘었다. ESG가 불러온 마법이다.

ESG는 거스를 수 없는 시대적 사명이 됐다. 대형 투자사들은 ESG 경영이 미숙한 곳에 돈을 넣지 않는다. 국내외 대형 사모펀드 PEF들도 'ESG 실사'를 정식으로 채택하는 곳이 늘어나고 있다. 인수합병 M&A을 하거나 투자를 할 때 ESG 지표가 미흡한 곳은 투자 대상에서 제외된다.

반면 ESG를 추구하는 곳은 유동성이 풍부하다. 국민연금은 2020년 기금운용 원칙에 '지속 가능성'이란 요소를 추가했다. 연기금과 보험사, 자산운용사 등은 회사채 수요 예측 참여를 검토하는 과정에서 ESG를 고려한다. 수출입 은행은 '글로벌 ESG 투자를 위한 펀드' 출자사업을 2021년부터 시작했다. KDB산업은행과 한국성장금융투자운용도 '정책형 뉴딜펀드 2021년 정시 위탁운용사 선정'에서 '책임투자(ESG·스튜어드십코드 등)'에 대한 내부 규정이나 트랙 레코드 등을 처음으로 기록하도록 했다. 연기금, 공제회 등 주요 투자자^{LP}들이 ESG 분야의 투자를 늘리는 방향으로 무게추가 이동하고 있다. 이미 ESG를 빼놓고 투자 시장을 논할 수 없는 단계에 이르렀다.

ESG 투자 선두주자 '폐기물', 이미 '핫 섹터' ───────

ESG 열풍으로 전기자동차의 핵심 부품인 2차전지(배터리) 업체들의 몸값이 껑충 뛰어올랐다. 오염물질을 배출하지 않는 전기자동차 공급망에 참여한다는 이유로 'ESG 프리미엄'이 붙었다. 수소기업 역시 마찬가지다. 친환경 모빌리티와 연관된 기업들은 일제히 기업가치가 높아지고 있다.

그러나 ESG 섹터를 이끄는 곳은 다름 아닌 폐기물 산업이다. 폐기물 처리시설은 악취와 소음 등으로 오랫동안 기피 대상이었다. 자본시장에서도 주목하지 않은 섹터였다. 전국 각지에 영세업자들이 분할 점유하고 있어 규모가 작은데다 관리도 미흡했던 탓이다. 종종 투자가 있었지만 별다른 이익을 보지 못하고 고생만 한 경우가 많아 소외 현상은 짙어졌다.

선진국 모델에 관심을 두게 된 일부 투자자들은 결국 산업 재편이 될 것이라고 보고 조금씩 투자해갔다. 이들은 폐기물 산업이 ESG 분야의 핵심 산업인데다 정부 인허가와 주민들의 동의를 받아야 해 진입장벽이 높은 산업구조에 주목했다.

쓰레기 더미가 황금알을 낳는 거위가 될 수 있다고 판단한 분석은 10년도 지나지 않아 적중했다. 2020년 M&A 시장은 폐기물 업체들이 주도했다. 산업·의료용 폐기물업체 ESG 그룹(8750억 원), 환경 플랫폼 기업인 EMC홀딩스(1조 500억 원), 코엔텍·새한환경(5100억 원) 등이 거래됐다.

ESG 투자에 적합한 업종인데다 시장이 매년 커지면서 경쟁력이 높아진 영향이다. 2018년 중국이 외국 폐기물 수입을 전면 금지하면서 국내 처리 수요가 커졌다. 환경규제가 강화되면서 폐기물 규모도 날로 증가하고 있다. 과거에는 불법 매립을 하거나 자체 소각하는 경우도 있었지만 이제는 이런 불법이 이뤄지기 어려운 구조가 됐다. 자연스럽게 국내 폐기물 처리 시장 규모는 2018년 16조 7000억 원에서 2021년 19조 4000억 원, 2025년 23조 7000억 원으로 커질 전망이다.

시장은 커지지만 사업자는 제한적이다. 신규 폐기물 매립장 증설은 기피 산업의 영향으로 정부 인허가와 주민 동의를 받기 어렵게 됐기 때문이다. 수집, 운반, 소각, 매립 전 분야를 해낼 수 있는 기업도 한정적이기에 안정적인 과점 시장 구축이 가능하다. 안정적 수익성에 ESG 열풍으로 외부 투자유치가 원활해지자 거래가 많아졌다. 2021년에도 이런 흐름은 지속되고 있다.

SK에코플랜트는 2020년 1조 원 규모의 EMC홀딩스를 인수한데 이어 2021년 중소형 폐기물 업체를 쓸어 담고 있다. 충청권 폐기물 업체 대원그린에너지와 새한환경, 클렌코, 디디에스 등 4곳을 총 4180억 원에 인수했다. 이밖에 의료 폐기물 처리업체 도시환경과 이메디원, 폐기물 처분 업체인 그린환경 등 폐기물 중간처리 업체 3곳 역시 2100억 원에 인수했다. 인수 가격은 M&A 업계에서 기업가치 산출을 위해 사용하는 계산식 '에비타^{EBITDA}(상각전영업이익) 멀티플' 기준으로 전년 대비 30%가량 높아졌다.

앞으로 ESG를 표방하는 기업들이 새로운 성장 동력으로 폐기물 시장을 바라보고 있어 몸값은 더 뛸 것이라는 시각이 우세하다. ESG 바람이 쓰레기 더미를 황금알을 낳는 거위로 바꾼 것이다.

ESG 산업 전반에 높아진 관심, 그리고 투자처 찾기 ─────────

폐기물 업체는 일차 방정식에 가까운 투자처다. 인허가에 따른 높은 진입장벽, 매립장 등 부동산을 보유한 곳으로 안정적인 수익이 나온다. PEF가 앞서 이 분야에 진출한 것도 안정성이 상대적으로 부각됐기 때문이다.

앞으로는 ESG 관련 기술, 친환경 제품 등으로 산업군이 확장될 것으로 점쳐진다. 폐플라스틱, 폐전지 등 재활용 사업 분야가 유망한 투자처로 부상하고 있다. 유럽연합은 2025년까지 플라스틱 포장재 폐기물의 50% 이상 재활용을 의무화했다. 정부도 2025년까지 플라스틱 폐기물 20% 감축과 분리 배출된 폐플라스틱 재활용 비율을 70%까지 끌어올리기로 했다. 이들 재활용품은 기술적 방식으로 품질을 높이는 방식을 취한다.

SK에코플랜트는 PEF인 LX인베스트먼트와 손잡고 환경 기술 분야 밸류체인(가치사슬) 구축에 나섰다. 기술력에 특화된 국내외 기업들을 발굴해 미래 먹거리로 키우겠다는 복안이다. LG화학은 IMM크레딧솔루션과 함께 ESG 유망기업 육성 펀드를 결성하기로 했다.

기존 기업을 ESG 관련 기업으로 탈바꿈하려는 노력도 주목할 부분이다. 국내 대형 PEF 스틱인베스트먼트의 대경오앤티 투자 사례가 대표적이다. 스틱은 2017년 돼지 부산물 등을 가공해 동물성·식물성 유지를 생산하는 대경오앤티를 1000억 원에 인수했다. 스틱은 인수 후 가정과 식당에서 버려지는 폐식용유를 수거해 바이오디젤 원료를 만드는 친환경 에너지기업으로 탈바꿈했다.

유지 생산 과정에서 탄소가 배출되기 때문에 바이오디젤의 원료를 만드는 사업을 기존보다 확대했다. 바이오디젤 사업 덕분에 대경오앤티는 배출되는 탄소보다 더 많은 탄소배출권을 획득하며 추가적인 수입을 얻게 됐다. ESG 시대에 맞는 기업으로 거듭나며 기업가치도 치솟고 있다. 앞으로 이런 ESG 사업에 진출하는 기업이 늘어날 전망이다. PEF는 볼트온 전략에 강점을 가지고 있어 기존 사업과 ESG를 접목하려는 중견·중소기업의 전략적 투자유치가 늘어날 것으로 보인다.

26

한국 경제는 2017년 1인당 국민소득 3만 달러가 넘었다. 국내총생산GDP 규모로도 어느덧 세계 10위권에 도달했다. 반도체·조선·자동차 산업은 세계 1위권을 다툴 만큼 경쟁력을 인정받고 있다. 그러나 선진국과의 격차를 좁히려면 다른 섹터도 세계 수위권으로 올라서야 한다.

제조업 강국을 넘어 고부가가치 산업으로 영토를 확장하기 위해서는 넘어야 할 벽이 있다. 바로 제약바이오 산업이다. 세계 의약품 시장은 2018년 기준 1조 2048억 달러로 규모다. 세계적으로 인구 고령화가 진행되면서 시장 성장률은 지속적으로 우상향하고 있다. 한국은 2018년 기준 200억 달러 정도로 세계 시장점유율 1.6%에 불과하다. 미국이 제약산업 1위 국가이며 중국, 일본, 독일,

프랑스 등이 그 뒤를 따르고 있다. 천문학적인 연구비를 투자해 결과물을 얻은 소수 국가의 기업만이 글로벌 기업으로 발돋움했다.

다른 산업은 캐치업 Catch-up (선진국 따라잡기) 전략을 통해 수십 년 내에 추월곡선을 만드는 기적을 보였지만 제약바이오 산업은 다르다. 신약 개발 성공확률 1% 미만을 위해 천문학적인 돈을 투자해야 하는 인고의 시간이 필요하며 기초과학 등 학문 수준도 높아야 한다. 누구나 성장 섹터라는 것을 알면서도 국내 제약바이오 산업이 글로벌 경쟁력을 갖추기 어렵다고 판단한 이유다.

어느 산업 분야보다 축적의 시간이 필요한 제약바이오 산업에 사모펀드 PEF 가 관심을 두기 시작한 시점은 2010년 이후부터다. 시장 규모가 커지고 성장성도 높은 섹터를 그냥 바라만 볼 수 없다는 판단에서다. 비교적 성공 확률이 높은 바이오시밀러(바이오 복제의약품), 의약품 위탁생산 CMO 등에 조금씩 투자에 나서 K-바이오산업 성장의 마중물 역할을 했다. 최근에는 일부 기술수출 신화를 이룬 바이오벤처사에 대규모 투자하며 보폭을 넓히는 추세다. 제약바이오 시장이 매년 커지는 만큼 경쟁력 있는 바이오벤처를 중심으로 한 PEF의 투자가 대폭 늘어날 전망이다.

'미래에 투자하라', 모험 자본의 진가 ─────────

국내 PEF에서 제약바이오 분야에 먼저 관심을 가진 곳은 IMM인베스트먼트, IMM PE이다. VC 투자를 병행하면서 제약바이오 섹터에 대한 이해도가 상대적으로 높아 초기 투자에 나선 것으로 알려졌다. IMM PE는 2010년 2월 셀트리온제약에 300억 원을 투자하며 제약업 베팅에 본격적으로 나섰다. 제약사 한독, 알보젠코리아에 투자했으며 2014년에는 바이오벤처 제넥신에 200억 원을 투자했다. 제넥신 투자는 2년 만에 원금의 두 배인 400억 원을 회수하며 대성공을 거뒀다.

IMM인베스트먼트는 셀트리온 그룹의 성장 사다리를 놓아주며 막대한 수익을 올렸다. 2002년 설립된 셀트리온의 창업자 서정진 회장은 한때 사기꾼이라는 평가를 받았지만 세계 최초 항체바이오시밀러(바이오 복제의약품) 개발에 성공하며 그룹 시가총액 60조 원의 거대 회사로 키워냈다. 이 과정에서 IMM의 시리즈 투자가 큰 버팀목이 됐다. 2010년 12월 셀트리온의 의약품 유통계열사 셀트리온헬스케어에 76억 원을 투자했으며 2012~2013년까지 총 1300억 원을 추가로 투자했다.

2015년에는 270억 원을 투자해 2년 후 셀트리온헬스케어 상장 후 10배 넘는 수익을 올렸다. 앞선 투자 건들도 모두 대박이 터지며 IMM인베스트먼트가 국내 최고 PEF 반열에 오를 수 있는 발판을 마련해줬다.

그러나 여전히 제약바이오 분야는 PEF가 투자를 꺼리는 섹터로 남았다. 무엇보다 원금을 보장할 수 있는 하방 안정성을 중시한 탓에 모험 자본적 투자를 적는 나설 수 없었던 투자 환경 때문이다. 실제 IMM인베스트먼트가 대박을 터뜨린 셀트리온 투자 건에서 그런 사례가 잘 드러난다. 새마을금고는 IMM인베스트먼트의 셀트리온 투자에서는 두 번의 투자심의위원회 끝에 통과될 만큼 반대의 목소리가 높았다.

제약바이오의 미래 먹거리로 평가받는 위탁개발생산^{CDMO} 투자도 마찬가지다. 메디베이트파트너스와 YJA인베스트먼트는 2018년 미국 세포 치료제 수탁생산업체^{CDMO} 코그네이트 바이오 서비스 투자를 추진했다. 안정적인 기술력과 CDMO 시장의 성장이 기대됐으나 바이오 기업 크로스보더 딜이라는 점이 발목을 잡았다. 벤처캐피탈^{VC}과 달리 PEF가 주도하는 바이오기업 투자가 생소했을 뿐 아니라 해외 기업이라는 점이 LP들의 우려를 키웠기 때문이다. 새마을금고중앙회가 내부 우려에도 과감하게 투자를 결정하며 가까스로 투자금 확보에 성공했다. 코그네이트가 2021년 글로벌 1위 비임상 수탁 시험기관^{CRO} 찰스리버에 1조 원 규모로 매각되며 원금 대비 2.5배가량의 이익을 거뒀다. YJA인베스트먼트는 엑스레이 핵심부품 업체 제이피아이헬스케어에 투자해 준수한 성과를 얻었다.

그나마 안정적인 바이오시밀러, 제약 회사에 대한 투자도 꺼린 탓에 실패 확률이 높은 신약 개발 투자는 뒷전으로 밀렸다. 대신 보다 안정적인 투자처에 자금을 집행했다. 뉴레이크얼라이언스는 의료산업 글로벌 진출 투자 목적으로 차병원그룹의 미국 HPMC 병원 투자, 선병원의 미국 LA 헌팅턴비치 수술병원 인수를 위한 자금조달을 했다. 퀸테사인베스트먼트는 의약품 위탁생산^{COM} 업체 콜마파마와 국내 건강기능식품 제조자개발생산^{ODM} 1위 업체 콜마비앤에이치에 투자했다. 여전히 제약바이오 기업 투자에는 보수적 기조가 강했다.

PEF의 눈길을 사로잡은 K-바이오 기술력 ─────────

국내 제약바이오 기업은 국내 코스피, 코스닥 시장에서 나날이 영향력이 높아지고 있다. 2021년 상반기 코스피 시가총액 상위 10종목 중 제약바이오 기업은 삼성바이오로직스, 셀트리온 등 두 곳이다. 코스닥의 경우 상위 10종목 중 셀트리온헬스케어, 셀트리온제약, 씨젠, 알테오젠, 에이치엘비 등 절반에 달한다. 외부 자금이 제약바이오 기업으로 몰리자 천문학적인 돈이 필요한 신약 개발 자금도 충당하게 됐다. 점차 K-바이오 신화를 쓰는 기업들이 늘어나게 된 이유다.

파라투스인베스트먼트는 2016년 290억 원 규모의 바이오 분야 블라인드펀드를 조성해 5년 만에 내부수익률^{IRR} 70%를 올렸다. 국내에서는 지놈앤컴퍼니와 ABL바이오, 아이큐어에 투자했으며 나머지 6곳은 전부 해외 바이오기업으로 구성됐다. 투자 기업은 대부분 IPO에 성공해 높은 수익률을 안겨줬다.

국내 기업은 모두 코스닥 사장으로 투자금을 회수했으며 해외 바이오기업 6곳 중 4곳은 나스닥에 상장해 시장에서 투자금을 회수했다. 남은 2곳은 미국 공동투자자에게 매각했다. 인터베스트는 제넥신에 1350억 원을 투자해 808억 원의 이익을 봤으며 IRR로는 23%를 기록했다.

바이오 기업의 성장이 이뤄지면서 VC에서 PEF로 체급을 올린 곳도 등장하고 있다. 이지바이오의 자회사인 이앤인베스트먼트는 미국 나스닥 상장사인 신약개발 전문기업 뉴로보 파마슈티컬스에 투자해 주목받은 곳이다. 주로 VC로 바이오 기업에 투자했으나 최근 PEF 분야로 눈을 돌리고 있다. PEF 영역에서 블라인드펀드를 조성하고 있으며 2021년 새마을금고 위탁운용사로 선정되기도 했다.

한국투자파트너스도 마찬가지다. 지금까지 바이오 섹터 투자는 VC에서 담당했으나 2021년 PE 본부에서 바이오 분야로 새로 진출했다. 희귀 난치병 질환 치료제 개발에 진출하는 SK플라즈마에 300억 원을 투자했다. 투자 규모가 큰데다 PE 본부는 대규모 투자가 가능해 SK플라즈마의 지속적인 재무적투자자[FI]를 하기 위한 행보로 해석된다.

K-바이오 기업 중 기술수출로 성공한 곳을 중심으로 전통 PEF 운용사의 투자가 늘어나고 있다. 국내 중견 사모펀드[PEF] 운용사 에

스지프라이빗에쿼티$^{SG\ PE}$는 국내 바이오벤처사 알테오젠에 750억 원을 투자했다. 상환 조건이 없는 전환우선주^{CPS}에 베팅할 정도로 투자에 확신을 가졌다. 알테오젠은 국내 바이오 업계의 대표적인 플랫폼 기술 기업이다. 조 단위 해외 기술수출을 연달아 이뤄내며 업계 주목을 받았다. 지난해 11월 글로벌 제약사에 1조 6000억 원 규모의 기술수출을 한 것에 이어, 2021년에는 글로벌 톱10 제약사 한 곳과 4조 6770억 원의 기술수출을 체결했다. SG PE는 단계별 마일스톤(기술료)에 바이오시밀러 사업 본격화 원료 매출이 가시화되면 안정적인 수익 확보가 가능하다는 데 주목했다.

2021년에는 알테오젠과 비슷한 길을 걷고 있는 레고켐바이오에 300억 원을 투자했다. 레고켐바이오는 2015년부터 해마다 한 건씩 기술수출을 해온 곳이다. 지난해까지 총 6건의 기술이전 계약금을 모두 합하면 1조 7000억 원에 달한다. 바이오 업계 플랫폼으로 불리는 항체-약물 접합체^{ADC} 기술을 보유하고 있다. ADC는 항체와 약물을 결합해 특정 세포만 공격하는 기술이다. 2세대 ADC 기술을 임상 수준까지 끌어올린 기업은 레고켐바이오를 포함해 전 세계 3개뿐이다. 플랫폼의 활용성이 높아 지난 10년간 10건이 넘는 기술수출을 했다.

SG PE는 조 단위 운용자산을 굴리는 곳으로 '스몰 자이언트'라는 별칭이 붙은 운용사다. 국민연금, 산업은행의 위탁운용사로 5000억 원의 블라인드펀드를 조성했다. 국내 주요 연기금, 공제회들의 투자금을 받은 곳이 바이오 섹터에 투자하면서 앞으로 다른 운용사들도 이 분야에 대한 투자 빗장을 한층 풀 것으로 보인다.

신생 PEF 중심으로 이런 움직임을 보이는 곳이 나타나고 있다. 신생 PEF 제이앤프라이빗에쿼티(제이앤PE)는 동아제약 계열 의약품 원료 제조사인 에스티팜에 625억 원을 투자했다. 에스티팜은 올리고핵산 치료제 원료의약품을 위탁생산개발^{DCMO}하는 곳이다. 지난해부터 mRNA 방식의 코로나19 백신과 치료제의 위탁생산이 가능해 업계의 주목을 받았다. 그러나 3년 연속 대규모 적자 행보를 보인 곳에 PEF가 자금을 투입했다는 점에서 눈길을 사로잡았다. 하일랜드에쿼티파트너스 역시 차바이오텍의 자회사 차백신연구소에 130억 원을 투자했다. 아직 뚜렷한 성과는 없지만 면역증가제 플랫폼 기술력을 높이 평가한 pre-IPO(상장 전 지분투자)에 참여했다.

바이오 기업에 대한 투자자^{LP}들의 허들이 낮아진 만큼 PEF 기업들은 옥석 가리기를 통해 유망한 회사에 대규모 투자를 하는 사례가 대폭 늘어날 전망이다. 앞으로의 발전 과제도 남아있다. 해외에서는 바이오 전문 PEF들이 즐비해 있다. VC가 씨앗을 뿌리는 역할을 한다면 PEF는 될성부른 나무에 거름을 준다. 뭉칫돈을 투자해 연구개발의 성과를 보도록 돕는다. 전통 제약 회사에는 새로운 먹거리 창출을 위한 투자금을 마련해준다. 그러나 국내에서는 전문 바이오 PEF를 찾아보기 어렵다. VC 영역에서는 다수 존재하는 전문 인력풀이 PEF로 넘어오지 않은 탓이다. 산업 성장과 발맞춰 PEF 영역에도 전문 제약바이오 하우스들이 늘어나야 한다. 다행히 이런 흐름이 조금씩 보인다. SV인베스트먼트에서 바이오 핵심 운용력으로 활약한 이종훈 이사는 VC 투자를 넘어 PEF 영역을 구축하고자 바이오 전문 PEF 루하프라이빗에쿼티를 설립했다. 능력 있는 이들이 VC에서 PEF로 이동하는 현상이 나타나고 있다. PEF 영역에서 경력을 쌓은 인사가 바이오산업 현장으로 이동하면서 상호 이해의 폭도 넓어지고 있다. SJL파트너스에서 운용인력으로 있던 한동희 전무는 삼성바이오에피스 임원으로 합류한 게 대표적이다. 이제 전통 제약사와 경쟁력을 입증한 바이오 기업들은 PEF와 손을 잡고 한 단계 성장하는 그림을 그려 나가야 한다.

27

기업은 항시 존폐를 걱정한다. 세계 1위 자동차 기업 일본 도요타는 '마른걸레도 쥐어짜라'라며 극한의 원가 절감을 진행했다. 이익 극대화를 위한 탐욕이라는 지적도 있었지만, 경기 변동에 대비하기 위한 체력 보강이라는 시각도 있다. 세계 최고의 기업도 생존을 걱정할 정도로 자본주의 경제는 만만치 않다. 이 시간에도 많은 기업이 실적 악화와 유동성 위기로 도산의 길목에 서 있다.

구조조정 기업 증가는 국가 경제에 치명적이다. 일자리가 감소하고 경제성장률의 발목을 잡는다. 전후방 산업에 영향을 미치며 금융기관의 부실을 가속한다. 그 때문에 국가는 구조조정 기업의 주치의로 나서 문제 해결에 앞장서 왔다.

1997년 외환위기 당시에는 정부가 나서거나 기업 개선작업(워크아웃)이 주요 처방전이었다. 현대건설, 하이닉스(옛 현대전자)는 정부 주도로 구조조정을 이끌어 각각 현대차그룹, SK그룹의 알짜 자회사로 만드는 데 성공했다.

그러나 정부 주도 구조조정은 사후적인 성격이 짙다. 기업이 자력으로 회생이 불가능할 때 대수술을 통해 기업 회생에 나선다. 막대한 공적 자금을 투입해야 해서 매번 논란이 불거진다. 자칫 공적 혈세를 통해 연명하는 좀비기업을 양산할 수 있다. 2008년 미국발 금융위기 당시에는 구조조정의 주도권이 정부에서 은행 등 채권단으로 넘어갔다. 성적표는 참담했다. 워크아웃에 들어간 20개 건설사 중 5개 업체만 정상화에 성공했다. 조선사 역시 대우조선해양, STX조선, 성동조선 등 대다수 기업의 부실이 장기화됐다.

비싼 수업료를 낸 정부는 2015년 연합자산관리(유암코)를 신설하고 구조조정 전문 PEF를 적극적으로 육성했다. 민간 중심의 구조조정을 통해 경쟁력 있는 기업을 선별해 좀비기업 양산을 막고, 사전적 구조조정으로 사전에 큰 위기를 막으려는 구상이었다.

초창기 금융시장이 구조조정 기업 투자에 난색을 보이자 스스로 자금을 조달해 투자하는 전략을 펼쳤다. 구조조정 시장도 성과를 낼 수 있다는 믿음을 보여주려는 목적이었다. 투자 5년 만에 1조 6000억 원 넘는 돈을 투자한 배경이다.

시장 조성과 함께 플레이어 육성에도 발 벗고 나섰다. 성장 사다리를 놓아주기 위해 PEF와 공동 투자하는 코지피^{Co-GP} 전략을 택했다. 오퍼스PE, 옥터스PE, 삼호그린인베스트먼트, 파인우드 PE, 휘트린씨앤디 등이 그때 성장한 곳이다. 민간 플레이어들이 자리를 잡으면서 구조조정 시장도 안정을 되찾았다. 아울러 민간 구조조정 플레이어가 성장하자 위기에 직면한 기업들이 우량기업으로 바뀌는 사례가 늘어나고 있다.

기업 구조조정 주치의 전성시대

기업은 유동성 위기를 가장 두려워한다. 아무리 알짜 회사라도 어음을 막지 못하면 부도를 피하지 못한다. 금융기관은 회수 가능성을 염두에 두고 대출 결정을 내린다. 재무적으로 어려운 기업에게 선뜻 대출을 해줄 수 없기 때문이다. IMF 금융위기 당시 부도가 났던 기업 중 상당수는 여전히 경쟁력을 갖춘 곳들이 많았다. 금융권에 "비가 올 때 우산을 뺏는다"는 비판이 지속적으로 제기됐지만 이런 관행은 변하지 않았다.

사모펀드[PEF]의 기업 구조조정 투자는 유동성 위기에 빠진 기업에 단비를 제공하는 역할을 한다. 재무 주치의 역할을 통해 기업의 기초 체력을 키우고 다시 일어날 수 있는 시간을 벌어준다. 최근 전기차 배터리 시장에서 주목받고 있는 코스모 그룹이 대표적인 성공사례다. 코스모그룹은 코스모신소재, 코스모에코켐, 코스모화학 등이 전기차 배터리 소재와 원료를 생산하고 있다. 부실기업이던 코스모신소재는 양극재를 생산하며 시가총액이 1조 원을 넘어선 알짜 기업으로 거듭났다.

그러나 불과 6년 전만 해도 코스모그룹은 생존을 걱정해야 했다. 국내 유일의 이산화타이타늄 생산업체인 코스모화학은 지난 2013년 업황 부진과 중국의 반덤핑 수출이 겹치면서 위기에 직면했다. 계열사 간 지급보증을 한 탓에 10여 개 계열사가 동반 부도 위기에 몰렸다. 이때 케이스톤파트너스와 에스지프라이빗에쿼티가 구원투수로 등장했다. 2015년 총 800억 원을 투입해 유동성 위기를 막았다.

두 PEF는 코스모그룹과 함께 재무 구조 개선 작업에 착수했다. 코스모화학의 인천공장, 본사 사옥을 매각하고 직원 절반을 내보내는 등 살을 깎는 구조조정을 했다. 부동산, 지분 매각 등으로 1400억 원을 확보해 재무구조를 개선하고, 제품의 수익성을 끌어올려 생산성을 높였다. 이런 노력으로 2018년 코스모화학, 코스모앤컴퍼니 등의 실적이 개선되자 코스모 그룹은 PEF로부터 두 회사를 되찾아왔다. 재무 개선 시간을 벌고 구조조정이 연착륙할 수 있는 기회를 PEF의 투자유치로 확보했던 것이 주효했다. 두 PEF 역시 800억 원을 투자해 1400억 원을 회수하며 높은 수익을 얻었다. 결국 서로 이익을 얻는 투자였던 셈이다.

재무적 어려움을 겪은 기업이 유동성을 확보하는 전략은 최근에도 이뤄졌다. 웅진그룹은 웅진은 2012년 기업회생절차(법정관리)

에 돌입하면서 알짜 자회사인 코웨이를 이듬해 매각한 지 6년만인 2019년 3월 회사를 되찾아왔다. 그 과정에서 무려 1조 6000억 원의 대출을 일으켰다. 이른바 '영끌'을 통한 과감한 인수는 그룹의 재무구조를 급격히 악화시켰다. 엎친 데 덮친 격으로 계열사인 웅진에너지가 법정관리에 들어가면서 신용등급마저 BBB-로 떨어져 유동성 위기를 겪었다. 자금을 공모시장에서 조달하는 것이 불가능해지자 제2금융권으로부터 1050억 원 규모의 주식 담보대출을 받아 회사채를 상환할 정도였다. 코웨이를 넷마블에 재매각했지만 유동성 위기는 지속됐다.

재무 상환 개선이 필요한 웅진은 2020년 국내 도서 물류 1위 기업인 웅진북센을 센트로이드인베스트먼트에 매각했다. 대신 일정 수익률을 주고 되사올 수 있는 권리를 계약서에 포함했다. 재무 사정이 나아지면 언제든지 자회사를 되찾아 올 수 있도록 했다. 센트로이드는 인수 후 웅진북센의 물류센터 개발 등 추가 사업 전략을 통해 경쟁력을 키웠다. PEF를 활용해 유동성 위기를 극복하고 미래 성장전략까지 탑재해 되돌려 받았다. 기업이 어려울 때 PEF가 우산을 기꺼이 내어주는 파트너의 역할을 한 것이다.

적극적인 유동성 활용

구조조정은 자본주의 체제에서 피할 수 없는 숙명이다. 호황과 불황이 한 사이클을 이루고 있어 어느 순간 구조조정이 불가피해진다. 관건은 얼마만큼 충격파를 줄여 연착륙을 할 수 있느냐에 있다. 인력 축소를 최소화하고 미래 성장 동력을 유지해 '보릿고개'를 슬기롭게 넘기는 게 필요하다. 이는 국가 정책에서도 꼭 해결해야 하는 숙제다. 산업은행을 필두로 정책자금이 구조조정 시장에 몰리고 있는 이유다.

한국성장금융투자운용은 3년간 세 차례 출자 사업을 통해 구조조정 투자 전문 하우스에 자금을 투입했다. 1차에는 5415억 원, 2차에는 5015억 원을 집행했다. 2021년 이뤄진 3차에는 4500억 원을 설정했다. 이 출자사업은 민간 자본과 매칭을 통해 구성된다. 매칭으로 조성된 자금은 무려 4조 원에 육박한다. 투자 대상은 사전적, 사후적 구조조정 기업이다.

이들은 국내 기반 산업인 조선업에 유동성을 공급하는 역할을 맡고 있다. 한때 세계 10위권 선박 제조사였던 성동조선해양이 대표적이다. 조선업이 불황에 빠져든 후 회생절차에 돌입한 성동조선은 세 차례 매각에 실패했으며 한 번 더 유찰되면 청산 수순이었다. 이때 큐리어스파트너스는 모두가 외면한 성동조선의 새로운 가능성을 알아봤다. 위험성이 높은 선박 건조 대신 조선기자재 업체로 전환하면 경쟁력이 있다고 판단했다. 조선기자재 업체 HSG중공업과 손잡고 인수해 블록 생산업체로 탈바꿈시켰다. 현재 조선업 수주 행진으로 블록을 생산하는 물량도 급증하면서 성공한 투자로 평가된다. 한진중공업 역시 오퍼스PE-NH PE가 동부건설과 함께 인수했으며 STX조선해양은 유암코가 경영권을 가져왔다. 민간 구조조정 시장이 경쟁력을 잃은 기업들의 자금줄 역할을 한 셈이다.

은행에서 대출이 나오지 않을 때도 사모펀드는 생명의 동아줄이 되어 준다. 유진 자산운용PE는 로드숍 화장품 브랜드 스킨푸드가 회생절차를 밟으면서 유동성 위기에 처하자 50억 규모의 DIP^Debt In Possession Financing 금융을 제공했다. DIP 금융은 회생절차를 밟는 기업에 대해 운전자금 등을 위한 신규자금을 대여하는 것을 말한다. 민간 금융사들은 회수 불확실성이 높아 DIP 금융을 꺼리지만 민간 구조조정 시장이 육성되면서 상황이 달라졌다. 긴급 유동성으로 스킨푸드는 2019년 10월 새 투자자에 힘입어 회생절차를 졸업하면서 투자금을 돌려줬다. 그사이 파산 위기에 놓인 스킨푸드 가맹점은 지속적인 영업을 통해 생존이 가능했다. 2021년 10월 자본시장법 개정으로 사모대출펀드^PDF 시장이 열리면서 이런 투자가 늘어날 것이다. 되살아날 경쟁력만 있다면 당장 신용도와 담보 설정이 낮더라도 자금을 융통할 길이 열렸다. 국내 기업들은 새롭게 열린 유동성 확보 채널을 적극적으로 활용해야 한다.

28

경제 세대교체와 사모펀드의 영향력

한국은 재벌 사회다. 국가 차원에서 빠른 추격자 모델을 채택하면서 소수의 자본력 있는 기업이 다양한 산업을 담당하게 됐다. 국가는 저금리, 지원금, 세제 혜택, 산업단지 제공 등 다양한 당근을 제시하고 재벌은 국가와 호흡을 맞춰 자동차, 철강, 조선업 등 중후장대 산업을 빠르게 성장시켰다. 재벌 체제에 대한 공과가 다양하게 평가되지만, 세계 10위권 경제 대국을 만드는데 이 효율적 체제가 도움을 준 것은 부인할 수 없다.

그러나 1997년 외환위기^{IMF}를 거치면서 재벌 체제에 균열이 생겼다. 한국경제가 미증유의 위기를 겪자 대우그룹 등 거인들이 속속 무너져 내렸다. 폐허의 현장은 비극적이지만 새로운 생명을 잉태하기도 한다. 정보통신 혁명을 거치며 기술력 하나만으로 경쟁력을 갖출 수 있는 시대가 온 것이다. 네이버, 다음 등 포털 사이트와 엔씨소프트 등 지식재산^{IP}을 기반으로 한 게임업체 등이 빠르게 성장했다. 이 밖에도 다양한 벤처 기업들이 등장해 한국경제에 활력을 불어넣었다.

변화가 한 세대를 지나자 한국경제의 주역이 점차 교체되고 있다. 상징적인 사건은 대한상공회의소의 회장단 구성에서 발생했다. 2021년 최태원 SK 회장이 새로운 대한상의 회장으로 취임했다. SK그룹은 배터리, 바이오, 반도체 등 미래 먹거리를 꾸준히 발굴하며 가장 빠른 성장을 보여준 곳이다. 이곳의 수장이 대한상의 회장을 맡는 것은 너무도 자연스럽다.

그러나 주요 회장단에는 큰 변화가 일었다. 그동안 전통 산업 분야의 대기업 최고경영자^{CEO}들이 포진했던 회장단에 젊은 피인 IT 기업 창업자와 금융계 대표가 합류했다. 대한상의 부회장에는 김범수 카카오 의장, 김택진 엔씨소프트 대표, 장병규 크래프톤 의장, 이한주 베스핀글로벌 대표, 김남구 한국투자금융지주 회장, 박지원 두산 부회장, 이형희 SK그룹 사장 등이다.

서울상의 부회장단은 통상 연륜 있는 기업 오너, 대표 등으로 구성돼왔다. 삼성전자, 현대자동차 등 국내 굴지 대기업뿐 아니라 1897년 설립된 백년기업 동화약품을 비롯해 대성산업(1948년), DI동일(1955년) 등 오랜 업력을 지닌 기업 최고경영진이 포진해있다.

하지만 4차 산업혁명 시대가 본격적으로 도래하고 국내에서도 IT 기업의 위상이 점차 높아지면서 판도가 변했다. 서울상의 부회장단에 IT 1세대 창업가들이 대거 영입된 것은 향후 변화의 신호탄이라는 시각이 우세하다. 카카오는 2021년 8월 기준 코스피 시가총액 4위, 엔씨소프트는 22위에 오를 정도로 몸집이 커졌다. 2021년 '블룸버그 억만장자 지수'에 따르면 김범수 카카오 의장은 순자산 134억 달러(약 15조 4000억 원)로 이재용 삼성전자 부회장(약 13조 9000억 원)을 제치고 국내 최고 부호에 올랐다. 블룸버그는 김 의장에 대해 "수십 년 된 대기업들이 지배하는 한국에서 자수성가한 IT 기업이 어떻게 최고의 부자 지위에 오르는지를 보여주는 사례"라며 "한국에서는 기념비적 사건"이라고 평가했다.

스타트업으로 시작한 이들은 외부 투자유치에 익숙하다. 벤처캐피탈^{VC}, 사모펀드^{PEF} 운용사 등과 협업을 통해 신사업에 진출해 성공 방정식을 써나가고 있다. 카카오 그룹은 그중 최고 선두주자다. 수익 모델이 네이버 등에 취약해 인수합병^{M&A} 전략을 적극적으로 수행하기 어렵게 되자 재무적투자자^{FI}의 투자를 받아 성장하는 전략을 택했다.

카카오모빌리티는 TPG 컨소시엄(29.9%), 칼라일(6.4%) 등 투자자들로부터 누적 1조 원 넘는 돈을 유치했다. 앵커에쿼티파트너스는 2016년 포도트리(현 카카오페이지)에 1250억 원을 투자한 데 이어 2021년 카카오M(2100억 원), 카카오재팬(6000억 원)에 투자했다. 카카오뱅크는 TPG캐피탈(2.61%), 앵커에쿼티파트너스(2.61%)에게 각각 2500억 원을 유치했다.

이 기업들이 연달아 기업공개[IPO]를 추진하면서 그룹 시가총액 100조 원 시대를 열었다. 카카오페이, 카카오모빌리티, 카카오M 등도 IPO를 예고하고 있어 카카오의 진격은 한동안 계속될 전망이다.

카카오 그룹은 시대의 변화를 상징한다. 전통 제조업 기반의 재벌 그룹이 한국경제 1.0을 상징한다면 IT 기업의 비약은 한국경제가 2.0으로 진입했음을 보여준다. 2차전지, 수소, IT, 플랫폼 업체 등 미래 성장산업의 기업들이 조 단위 평가를 받으면서 시가총액에서는 웬만한 중견 기업을 뛰어넘고 있다. 4차 산업혁명 시계가 한층 빠르게 돌아가면서 한국경제를 주도하는 기업이 바뀌는 양상이다.

그렇다면 10년 후에는 어떤 모습이 될까. 대한상의에 국내 주요 PEF 운용사 대표가 그 자리에 앉게 될 것은 분명하다. 이미 PEF는 100조 원의 자금을 굴리는 큰손이자 주요 기업의 주인이거나 투자자로 이름을 올리고 있다. 대체투자 증가 속도를 고려하면 10년 후 PEF의 영향력은 지금의 갑절 이상이 될 수도 있다.

미국은 이미 PEF가 주요 경제주체의 영향력을 넘어섰다. 세계 1위 PEF인 블랙스톤은 2007년 미국 나스닥 시장에 상장했다. 14년이 지난 오늘날 시가총액은 약 160조 원으로 세계 최대 투자은행[IB] 골드만삭스(약 147조 원)보다 크다. 2021년 3월 말 기준 블랙스톤의 운용자산^{AUM}은 6488억 달러(약 747조 원)로 삼성전자 시가총액(약 470억 원)보다 많다. 미국 경제에 미치는 영향력은 절대 적지 않다.

한국은 경제의 새로운 헤게모니가 금융자본으로 쏠리고 그중에서도 PEF로 자금이 몰리고 있다. 바이아웃을 통해 기업을 직접 경영하거나 기업의 조력자로 실탄을 제공하기도 한다. 국내 1위 PEF인 MBK파트너스의 누적 운용자산 규모^{AUM}도 225억 달러(약 27조 원)로 단일 경제주체로 큰손이 됐다. 금융자본이 주도하는 한국경제 3.0 단계가 머지않았다.

변화하는 시대, 기업에게 최적의 투자 파트너는 PEF다. 막대한 자본과 창의적인 딜 구조, 성장 전략을 가지고 있는 인력들이 많다. 사모펀드라고 하면 경영권을 위협하는, 고금리를 추구하는 이들이라는 인식을 할 수 있다. 과거 해외 투기자본이 만들어놓은 이미지가 여러모로 기업인들의 시야를 가리고 있다. 하지만 국내 PEF는 단기 차익을 실현하는 트레이더가 아니다. 적어도 3~5년간 회사의 본질적 가치를 높여 수익을 실현하는 경영참여형 PEF다.

PEF는 기관투자자^{LP}의 자금을 위탁 운용한다. 국민연금, 사학연금, 공무원연금 등 연기금과 군인공제회, 과학기술인공제회, 노란우산공제회 등 공제회 등이 출자한다. 새마을금고, 농협중앙회와 같은 상호금융, 시중 은행, 캐피탈 등도 참여한다. 즉 국민의 돈으로 투자해 수익금을 다시 국민에게 되돌려 준다. 즉, 산업화 시대에는 기업 성장이 높은 경제성장률을 가져와 양질의 일자리를 만들었다며 이제는 금융 자본이 국민의 돈을 위탁 운용해 높은 수익을 되돌려 준다. 부의 재분배라는 측면에서 국민적 지지를 받을 수 있는 명분도 얻을 수 있다.

PEF는 미래 신성장동력을 찾아 키우고, 관행으로 여겨진 비효율적 경영은 역사 속에 사라지도록 만드는 데 특화된 역량을 보유하고 있다. 자회사의 성장이 정체됐다면, 신성장동력을 찾고 싶다면 PEF와 머리를 맞대고 고민해 보면 답을 찾을 수 있다. PEF와 손잡고 미래를 향해 나아갈 때다.

29
국내 기업의 사모펀드 활용법

국내 기업들이 사모펀드를 활용하는 방법에는 어떤 것들이 있을까. 지금까지 살펴본 내용을 크게 3가지로 압축할 수 있다.

'함께 인수하라.'

기업은 잘못된 투자를 극도로 경계한다. 특히 규모가 큰 경영권 인수 투자에 실패하면 그룹 전체를 위험에 빠뜨릴 수 있다. 대우, 두산, 웅진 등 국내 기업들이 이런 아픔을 겪어왔다.

대규모 투자일수록 리스크는 나눠야 한다. 이때 사모펀드는 대단히 유용한 투자 파트너다. 조 단위 거래에서 PEF와 공동 인수한 곳은 대부분 안정적으로 알짜 기업을 손에 쥐는 데 성공했다. 휠라코리아는 세계 3대 골프용품 업체 아쿠쉬네트를 재무적투자자^{FI} 공동 투자해 4년 만에 경영권을 확보했다. 하림그룹은 팬오션,

238

한국콜마그룹은 CJ헬스케어(현 HK이노엔)를 핵심 자회사로 확보했다. 모두 재무적투자자와 공동 투자한 뒤 몇 년 후 수익을 공유하며 엑시트(투자금 회수) 길을 열어줬다. 이런 성공 모델은 공동인수로 그룹의 재무적 부담이 크게 줄어 신용평가 등급이 크게 저하되지 않는 등 유리한 경영 환경이 만들어진 덕분이다.

재무적투자자가 좋은 기업을 찾아주기도 한다. SJL파트너스는 KCC와 원익그룹과 함께 미국 실리콘 업체 모멘티브퍼포먼스머티리얼즈를 약 3조 6000억 원에 인수했다. SJL파트너스가 딜 소싱을 통해 경쟁력 있는 기업을 확보한 뒤 국내 기업들에게 공동 인수를 제안했다. 투자는 성공적이었다. 모멘티브 실리콘 부문의 실적은 2021년 상반기 상각전영업이익^{EBITDA}이 전년 동기 대비 80%가량 늘어났다. 세계적 기업을 손에 쥐자 KCC는 전 세계 실리콘 시장 순위를 10위권 밖에서 단숨에 3위로 올렸다.

센트로이드인베스트먼트가 세계 3대 골프용품 업체 테일러메이드의 경쟁 입찰에서 승리해 인수 기회를 확보하자 중견 의류기업 F&F가 수혜를 입었다. 1조 9000억 원 규모의 딜에 5000억 원을 출자하기로 하면서 향후 경영권을 가져올 기회를 얻었기 때문이다. 이처럼 새 성장동력을 M&A 전문가인 사모펀드와 함께 추진하면 위험은 줄이고 성공 확률을 높일 수 있다.

대기업이나 중견기업만 이런 전략이 가능한 것도 아니다. 경남 창원에 위치한 조선기자재 중소 업체 HSG중공업은 큐리어스파트너스와 성동조선해양을 인수했다. 혼자서는 불가능했지만 재무적 투자자와 함께 인수해 3~5년 후 완전히 인수할 길이 열렸다. 이런 전략을 부단히 짜나가는 기업만이 성장의 열쇠를 얻을 수 있다.

'함께 키워라.'

기업마다 알짜 자회사들이 있다. 미래의 성장동력이 될 수 있는 기술력이 있지만 대규모 생산설비^{CAPEX} 투자가 필요한 경우가 대다수다. 새로운 사업영역으로 진출해야 해서 확고한 전략과 빠른 투자가 절실하다. 그러나 웬만한 대기업이 아니고서는 이런 공격적 투자를 감당하기 쉽지 않다.

키우지 못할 바에 파는 선택을 한 기업들은 현재 땅을 치며 후회하고 있다. 코오롱 그룹은 비핵심 계열사를 대거 사모펀드에 매각했다. 국내 수처리 부문 1위인 코오롱워터앤에너지를 시작으로, 폴리이미드^{PI} 분야 전 세계 1위 회사인 PI첨단소재(옛 SKC코오롱PI), 화학섬유업체 코오롱화이버, 환경 사업을 영위하는 환경에너지솔루션(옛 코오롱환경에너지)이 그 대상이다.

코오롱워터앤에너지는 앞서 살펴봤듯 어펄마캐피탈이 EMC홀딩스로 키워 1조 원에 매각하는 신화를 썼다. PI첨단소재, 코오롱화이버, 환경에너지솔루션도 실적이 급격히 증가해 기업가치가 큰 폭으로 상승했다. LS그룹도 마찬가지로 실수했다. 미래 산업이지만 적자가 지속된 LS엠트론의 동박사업부를 2017년 3000억 원에 KKR을 대상으로 매각했다. KKR은 2년 후 SKC에 1조 2000억 원에 되팔았다. SKC는 엠트론 동박사업부(현 SK넥실리스)를 인수한 뒤 고공행진하고 있다. 동박 매출 실적이 매년 가파르게 치솟으면서 기업가치를 전반적으로 높여주고 있다. SK는 '황금알을 낳는 거위'를 얻었고 LS그룹은 잃은 셈이다.

만약 코오롱과 LS그룹이 사모펀드의 투자유치를 받고 여전히 자회사로 두면 어땠을까. 사모펀드는 기업가치를 끌어올리는 데 기민한 조직이다. 미래 성장산업을 공동 투자하면 막대한 유동성을 확보할 수 있고 전략적투자자와 재무적투자자의 상호 시너지 효과를 극대화할 수 있다.

재무적투자자들의 투자유치를 받고 급격히 성장한 2차전지 회사 일진머티리얼즈, 에코프로비엠 등이 대표적 성공사례다. NHN, 후성 등 후발 주자들도 재무적투자자들의 투자금 유치로 미래 성장 산업을 빠르게 육성하고 있다. 다른 기업들도 이런 전략을 통해 성장성 높은 자회사를 빠르게 키워야 한다.

'위기를 공유하라.'

1997년 외환위기 당시 국내 대기업들은 급격한 유동성 위기에 파산 위기에 처했다. 대우그룹은 완전한 해체의 아픔을 겪었으며 재계 순위 12위까지 올랐던 한라그룹은 핵심 계열사들이 뿔뿔이 흩어졌다.

그러나 2010년부터는 상황이 바뀌었다. 재무적투자자들을 유동성을 활용한 그룹들은 핵심 계열사를 지키는 데 성공했다. 무리한 인수합병으로 부채 비율이 치솟은 이랜드그룹은 2017년 PEF들에게 이랜드리테일 지분 69%를 6000억 원에 넘겼다. 그동안 유동성 위기를 넘긴 이랜드는 2년 후 이랜드리테일을 계약 조건에 따라 일정 수익률을 주고 되찾아왔다. 앞서 살펴본 코스모그룹 역시 코스모화학, 코스모앤컴퍼니를 사모펀드에 매각한 뒤 주주 간 계약에 따라 훗날 경영권을 회복했다. 모두 유동성 위기를 넘긴 뒤 본인 회사들을 찾은 것이다. 그 사이 재무적투자자들은 재무 주치의 역할을 하며 자회사의 기초 체력을 키웠다. 힘들 때 재무적투자자의 힘을 빌리는 것은 '경영권 위협'이 아닌 '자회사 살리기'의 가장 쉬운 방도라는 것을 이해해야 한다. 사모펀드 활용법을 잘 체득한 기업일수록 위기를 헤쳐 나가고 빠르게 성장할 수 있다. 시대의 물결에 조응해야 더 높이 항해할 수 있는 대항해시대가 기업인들 앞에 다가왔다. 새로운 앞날을 위한 도전에 과감히 참여하는 기업들이 늘길 바란다.

5장
개인투자자의 사모펀드 활용법

30

2020년은 한국 자본시장에서 극적인 해로 평가된다. 코로나19 확산으로 금융시장의 경색돼 코스피 지수가 1400선까지 빠졌다. 코스닥 역시 430까지 급락했다. 그러나 세계적인 유동성 공급, 부양책이 맞물리고 플랫폼, 2차전지 등 혁신 기업들이 대거 부각되면서 2021년 초 코스피 지수는 3000선을 돌파했다. 코스닥 역시 21년 만에 1000선을 넘어섰다.

자산 가치의 급등락이 확연히 나타나자 개인 주주들이 주식 시장에 일제히 관심을 드러냈다. 안정적인 예적금 시대를 벗어나 전문적으로 시장을 읽는 스마트 투자자들이 폭발적으로 증가했다. 국내 혹은 해외 주식을 쓸어 담는 개인을 가리키는 '동학개미'나 '서학개미'라는 신조어가 탄생했으며 레버리지를 일으킨 '빚투(빚

내서 투자)', '영끌(영혼까지 끌어모아 대출)'이라는 용어도 생겨났다. 공모주 열풍을 타고 등장한 '따상'(상장 당일 시초가가 공모가의 두 배가 된 뒤 상한가에 도달)도 일상어가 됐다.

이제 주식투자가 일상이 된 개미 투자자들이지만 사모펀드는 여전히 그들만의 세계라는 인식이 강하다. 법이 개정되어 투자자가 49인에서 100인으로 늘어났지만 여전히 고액 자산가나 기관투자자들이 투자하는 영역인 탓이 크다.

그러나 사모펀드를 잘 활용하면 의외로 높은 수익을 얻을 수 있다. 사모펀드는 연평균 10% 이상의 수익을 얻는다. 주로 비상장사에 투자하지만 실탄이 2021년 100조 원을 넘어설 만큼 급성장하면서 상장 기업까지 투자 영토가 확대됐다. 사모펀드가 낙점하는 기업에 주목하면 안정성과 수익성 모두를 끌어올릴 기회를 얻게 된다. 그들만큼 주주 친화적이고 효율성을 극대화하는데 주력하는 대주주가 없기 때문이다.

2차전지·반도체 발굴 PEF, 수익률은 잭팟

'꿈의 배터리'로 불린 2차전지 시장은 전기차 시장이 상용화되면서 국내 신규 먹거리 시장으로 급부상했다. 에코프로비엠, 일진머티리얼즈 등 2차전지 업체에 소수 지분을 투자한 PEF는 이제 공격적으로 바이아웃에 나서고 있다.

미래 먹거리가 분명하다는 판단을 내리면서 당시 가격 거품 이 야기가 나왔지만 과감하게 인수했다. 스카이레이크인베스트먼트 는 2020년 9월 두산그룹으로부터 동박·전지박 생산업체 두산솔 루스 경영권을 인수했다. 인수 당시 기업가치를 1조 3200억 원으 로 책정했다. 너무 비싼 것 아니냐는 일각의 시각이 있었다. 2020 년 3월만 하더라도 주당 1만 3650원이던 것을 반년 만에 4만 3000원으로 사들여서다.

스카이레이크는 동박 품귀현상이 갈수록 심해지는 것을 계산 에 넣어 적정 가치로 평가했다. 이런 분석은 얼마 지나지 않아 적 중했다. 2021년 하반기 시가총액이 2조 원을 넘어섰으며 2차전지 시장의 확대에 따라 추가 성장이 가능하다는 평가가 지배적이다. 그렇게 1년 만에 50%가 넘는 주가 상승을 이끌었다.

PEF의 2차전지 섹터 투자는 대체로 높은 수익률을 보여주고 있다. SBI인베스트먼트와 에스티리더스프라이빗에쿼티는 2020년 8월 2차전지 생산장비 제조사 씨아이에스를 530억 원에 인수했다. 투자 당시 3100억 원 정도였던 씨아이에스의 시가총액은 1년 만 에 1조 원가량으로 올랐다.

전고체 배터리를 개발하는 역량이 시장에서 높은 평가를 받은 덕분이다. 전고체 배터리는 액체 상태 전해질을 사용한 리튬이온 배터리를 고체화한 것이다. 액체 전해질의 리튬이온배터리보다 구 조적으로 안정적이어서 외부 충격, 배터리 팽창 등에 따른 화재·

폭발 위험이 상대적으로 적다. 충전 시간도 짧아 리튬이온 배터리를 넘어설 차세대 2차전지로 주목받고 있다.

2차전지 분리막 소재 사업을 하는 SK아이이테크놀로지 SKIET 역시 대표적인 투자 성공사례다. 프리미어파트너스는 2020년 하반기 SKIET pre-IPO(상장 전 지분투자)에 3000억 원을 투자했다. 올 상반기 상장한 SKIET의 시가총액은 약 15조억 원으로 프리미어파트너스가 투자할 당시 기업가치 3조 원 대비 5배 이상 높아졌다. 공모가 10만 5000원 대비해서도 5개월 만에 두 배가량 올랐다.

폴리이미드 PI 필름 회사 PI첨단소재(SKC코오롱PI)도 대박 난 회사다. 글랜우드PE는 2019년 하반기 PI첨단소재 지분 54.06%를 6100억 원가량에 인수했다. 회사의 주력 제품은 폴리이미드 PI 필름은 영하 269도~영상 400도에서 사용 가능한 내한·내열성이 특징이다. 정보기술 IT 기기에 들어가는 연성회로기판 FPCB과 방열 시트에 PI 필름이 사용된다. 전기차 배터리 절연용 필름, 전기차 모터용 바니시 등 전기차 관련 소재로도 활용된다. 폴더블폰, 2차전지, 5G 등 핫 섹터의 소재를 담당하며 실적 개선이 가파르다. 2021년 유가증권시장으로 이전 상장하면서 수급 동력을 얻었다. 현재 2년 만에 주당 가격은 인수가 대비 55%가량 올랐다.

코넥스 시장에서도 주목할 만한 투자가 나왔다. 코넥스 시장은 초기 중소, 벤처기업의 성장지원 및 모험 자본 선순환 체계 구축을 위해 개설된 초기 중소기업에 특화된 주식시장이다. 개인투자자는 기본예탁금이 3000만 원 이상이거나 코넥스 전용 소액거래 계좌를 만들어야 투자가 가능하다. 리오인베스트먼트는 2018년 12월 전기차 충전기 제조업체 시그넷이브이에 500억 원을 투자한 후 2년 4개월 만에 4배의 차익을 실현하고 SK㈜에 지분을 매각했다. 추후 코스닥 시장으로 이전 상장하면 기업가치가 큰 폭으로 제고될 것으로 보고 일부 지분은 남겨뒀다.

마지막으로 살펴볼 기업은 시스템반도체(비메모리 반도체) 업체 테스나다. 반도체 산업은 데이터를 저장하는 역할을 하는 메모리 반도체와 저장 기능이 없이 연산, 제어, 논리 작업 등과 같은 정보 처리를 목적으로 제작되는 시스템반도체로 구분된다. 테스나는 카메라 이미지 센서[CIS], 스마트카드 칩 등을 테스트하는 기업이다. 국내 PEF인 에이스에쿼티는 2019년 9월 2000억 원을 투자했다. 이후 코로나19로 언택트 산업이 커지면서 전 세계적으로 비메모리 공급 부족이 일어나며 테스나의 실적이 치솟았다. 5세대 통신[5G] 핵심부품 제조사 와이팜이 딱 2년 만에 4000억 원에 사들였다. 그 사이 주가도 두 배가량 뛰었다.

주목할 점은 미래산업으로 불리는 기업의 경영권을 확보한 케이스에서 대부분 높은 수익률이 나왔다는 것이다. 어디에 투자해야 할지 잘 모르겠다면, 중장기 투자 관점에서 PEF가 인수한 기업에 투자하라. PEF 따라 하기 전략은 비교적 안정적이며 높은 수익률을 보장하는 투자처가 될 확률이 높다.

31

2002년 월드컵 이후 박지성 선수는 히딩크 감독에게 발탁되어 유럽 무대에 데뷔했다. 그 후 퍼거슨 감독의 러브콜을 받아 세계적인 클럽 맨체스터 유나이티드의 주전으로 활약하기까지 했다. 물론 그 이전에도 실력을 인정받는 유명한 선수였지만 세계적인 선수들이 즐비한 클럽인 맨체스터 유나이티드에서 호날두, 루니 등과 호흡을 맞추며 박지성 선수도 세계적인 선수로 성장했다. 아시아 출신 선수라는 디스카운트 요인에도 실력만으로 높은 연봉을 받았다. 우수한 기술력을 보유한 기업도 마찬가지다. 아무리 유망한 산업에서 기술력이 우수한 기업이라도 시장이 개화하기 전에는 가치를 인정받기 어렵다. 실적이 아직 나타나지 않아 주가가 지지부진할 수 있다. 그러나 시장의 급성장을 앞두고 세계적인 클럽

시그넷이브이

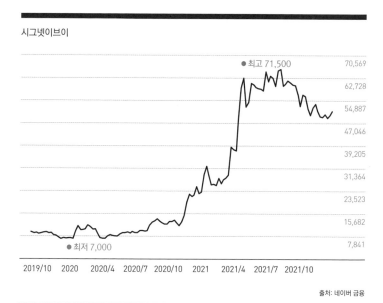

이라 할 수 있는 대기업이 인수를 결정하는 경우 고연봉의 스타플레이어로 도약할 수 있다. 앞서 언급한 '시그넷이브이' 케이스를 주식투자 관점에서 다시 들여다보자. 시그넷이브이는 고용량 전기차 충전기를 제조하는 뛰어난 기술력을 갖추고 있고 국내외 주요 충전 인프라 프로젝트에 선정되기도 했다. 그런 측면이 부각되어 주가는 꾸준히 우상향하는 추세를 보여주고 있었다. 하지만 결정적으로 주가가 한 단계 점프하게 된 시점은 ㈜SK가 전격적으로 인수하겠다고 발표한 2021년 4월 15일 전후 시점이다.

당시 인수자인 ㈜SK는 공시를 통해 시그넷이브이 지분 55%

를 리오인베스트가 운용하는 PEF로부터 2,932억 원에 인수한다는 내용을 발표했다. 이를 100% 기준으로 환산하면 5,284억 원에 달하는 기업가치로 인정한 것이다. 이 당시 시그넷이브이의 시가총액은 2,400억 원 수준이었다. 일반적으로 상장사 경영권 프리미엄이 크게는 100%에 달하기도 하기 때문에 단순 추정은 어렵지만 시장에서는 이 인수공시에 대해 크게 반응했다. 공시 이후에도 2배 가까이 주가가 상승한 것을 확인할 수 있다. 여기서 중요한 교훈은 PEF가 보유하고 있는 기술력 있는 기업은 일정 시점이 되면 매각해야 하며 일반적으로 PEF들은 가장 높은 시너지를 낼 수 있고 가치를 높게 평가해주는 상대방에게 매각한다는 점이다. 주가 흐름을 눈여겨본다면 좋은 투자 기회를 찾을 수 있을 것으로 생각한다. 다만 소문에 사서 뉴스에 팔라는 증시 격언이 있듯이 이미 소문이 무성해서 주가에 매각설이 반영된 시점에는 투자를 유의하는 것이 바람직하다.

비슷한 케이스지만 반대로 인수를 결정한 대기업의 주가가 상승하는 경우도 있다. 건자재 기업인 동화기업은 2019년 7월에 2차전지 소재 업체인 ㈜파낙스이텍(현 동화일렉트로라이트)를 PEF로부터 인수했다. 목재, 건자재와 같은 전통산업에 속하는 기업에 성장동력을 붙여준 것이 주가에 반영되기까지 시간이 다소 소요됐지만 궁극적으로 성장성을 인정받아 전통적인 산업에 속한 동화기업의 주가는 5배 이상 상승하고 있다. 오랫동안 횡보했던 과거의 추세

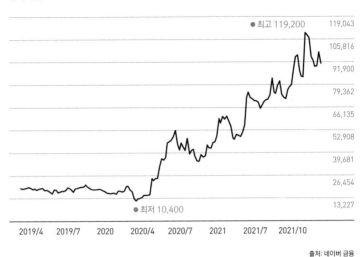

● 최고 119,200

119,043
105,816
91,900
79,362
66,135
52,908
39,681
26,454
13,227

● 최저 10,400

2019/4 2019/7 2020 2020/4 2020/7 2021 2021/7 2021/10

출처: 네이버 금융

를 뚫고 올라가 지금도 중장기 우상향 패턴을 유지하면서 기업가
치가 상승하는 양상을 확인할 수 있다. 피인수기업이 기존 사업과
특별한 시너지가 없었지만 신규 사업이 속한 업종이 메가트렌드
를 보여주고 있으며 그 산업에 속한 기업들 중에서도 성장의 수혜
를 가장 크게 누릴 수 있는 특정 소재 1위 기업을 인수해 중장기적
성장동력을 확보한 게 주효했다. 똑똑한 자회사 하나를 얻어 동화
기업을 바라보는 시장의 시각을 긍정적으로 바꾼 사례라고 볼 수
있다.

　다음으로는 기존 사업과 시너지 효과가 나는 인수합병^{M&A} 사

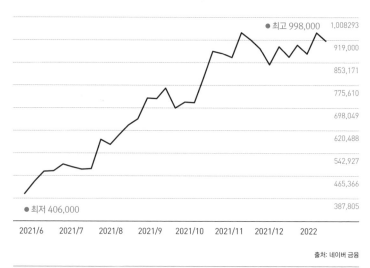

최고 998,000

1,008293

919,000

853,171

775,610

698,049

620,488

542,927

465,366

387,805

최저 406,000

2021/6   2021/7   2021/8   2021/9   2021/10   2021/11   2021/12   2022

출처: 네이버 금융

례를 살펴보자. 새로운 성장동력을 붙여서 양호한 주가 흐름을 이어가는 케이스다. 앞서 PEF가 글로벌 브랜드 테일러메이드를 인수할 때 의류 제조업체 F&F는 전략적투자자[SI]로 딜에 참여했다. F&F는 한국과 중국 시장에서 디스커버리, MLB 브랜드를 라이센스로 가져와 의류를 제조하여 성공한 기업이다. 이미 탁월한 브랜딩 능력과 영업력으로 뛰어난 실적을 보여주었고 주가는 양호한 흐름을 보여주고 있었다. 그에 더해 글로벌 골프 브랜드 테일러메이드를 성장동력으로 확보하자 더욱 탄력적인 주가 흐름을 보여주고 있는 것을 확인할 수 있다. 2021년 7월 SI로 참여하는 것을 공식화하였는데 이후 주식시장 전반적으로 하락장이었던 시기에도 지속적인 주가 상승 패턴을 보여주고 있다. 이는 기존 사업에 성장성 높은 골프 섹터를 추가할 수 있고 미국 시장으로 진출 등 글로벌 사업자로 거듭날 수 있는 발판을 마련했기 때문이다. 과거 휠라코리아가 타이틀 리스트를 보유한 아쿠시네트를 인수하면서 증명해낸 성공 방정식을 벤치마크 한다면 충분히 가능한 시나리오다. 시장에서는 이 부분을 반영해 점차 높은 기업가치를 인정해 주고 있다.

앞선 챕터에서 살펴본 'PEF 따라 하기'가 비교적 안정적이며 높은 수익률을 보장하는 직관적인 투자전략이었다면 이번 챕터에서 살펴본 PEF가 참여하는 M&A 이면에 있는 기업을 분석하는 전략은 거래 이면의 히든 밸류를 찾아내는 다소 복잡한 투자전략이다. PEF의 거래 흐름을 추적하고 그 이면을 살펴보면 이런 투자 기회를 발굴할 수 있다. 전통적인 매매전략 중에 M&A와 구조조정 등 이벤트를 활용하는 이벤트 드리븐Event Driven이라는 전략이 있다. 과거에는 기업 간 M&A조차 빈번하지 않아 적용 사례가 적었지만 최근에는 기업 간 거래는 물론 PEF와 기업 간의 M&A 거래가 아주 활발하게 벌어지고 있다. 한국 시장에서 PEF의 경영권 거래가 점차 본격화되기 시작했으므로 향후 활용 가능성이 점점 높아지는 투자전략으로 판단된다.

이미 국내 일부 자산운용사에서는 이벤트 드리븐 전략을 활용해 운용하는 해외펀드에 분산투자하는 상품을 내놓았다. 그만큼 해외시장에서는 M&A와 구조조정 등 이벤트가 시장에서 빈번하게 발생하고 주가 흐름에 영향을 준다고 보고 있다. 4차 산업혁명과 코로나19에서 촉발된 세상의 변화는 기업들의 체질 개선을 통한 생존을 요구하고 있으며 이를 위해 M&A가 주된 성장전략으로 자리 잡고 있다. 그리고 그 중심에서 PEF가 한 축을 담당하며 M&A 거래를 적극적으로 담당하고 있다.

기업을 사고파는 경영권 거래뿐 아니라 특정 기업이 다른 기업의 사업부를 인수하는 경우도 눈여겨봐야 한다. 시장 지배력이 상승하거나 기술력, 인력 또는 라이선스를 확보하는 경우라면 그 사업부를 인수한 기업의 가치가 상승하는 것을 의미할 수 있으니 좋은 투자 기회를 발견할 수 있다. 향후 투자자들이 PEF의 M&A 거래 이면에 등장하는 기업을 더욱 심도 있게 분석한다면 히든 밸류를 손쉽게 찾아내 더 높은 투자성과를 올릴 수 있을 것이다.

32

지금으로부터 800년 전 몽골 초원에 살던 유목민 징기스 칸은 25년 만에 인류 역사상 가장 넓은 영토를 정복했다. 나무도 없는 황무지를 돌아다니던 유목민들은 생존을 위해서 기동력과 실용성, 효율성, 혁신, 능력 중심의 인재 발탁, 관용성과 같은 유연한 국가 경영철학을 가져야 했다. 기존의 제국과 왕조가 정착하여 구축한 수직적이고 관료적인 시스템이 가질 수 없는 강력한 추진력과 변화하는 속도가 강점이었다. 지금 시대에 기업들을 둘러싼 세상의 환경과 경쟁하는 강도가 이와 같다는 생각이 든다. 산업의 패러다임 변화 주기가 짧아지고 있기 때문이다. 1760년대 영국에서 시작된 1차 산업혁명은 증기선과 철도라는 교통수단의 혁신을 이뤄냈다. 1870년대에 일어난 2차 산업혁명은 전기 동력을 이용한 대량

생산 제조업을 현실화했다. 1970년대 컴퓨터와 인터넷이 이끈 3차 산업혁명은 자동화 생산 시스템 구축과 인류의 지적 역량을 향상시켰다. 앞선 산업혁명의 물결은 한 세기를 거쳐 이뤄졌다. 그러나 인공지능, 빅데이터 등 기술의 비약적 발전으로 촉발된 4차 산업혁명은 불과 50년 만에 세상을 덮쳤다. 4차 산업혁명 시대의 경영 환경 변화와 그 변화의 속도 역시 엄청나다. 불과 10년 전 직원 7명으로 시작한 국내 온라인 상거래 업체 쿠팡은 성장을 거듭하여 미국 주식시장에 상장하면서 시가총액 100조 원으로 평가받는 놀라운 일이 벌어졌다. 쿠팡은 기술과 소비 트렌드 변화를 받아들였고 자본시장을 적극적으로 활용해 생존을 넘어서 압도적인 성장을 보여주었다.

국내 기업뿐이겠는가. IT 기술의 변화와 소비 트렌드가 변화함을 적극적으로 받아들이고 활용한 아마존은 기존의 유통 기업들을 차례로 무너뜨리고 글로벌 기업으로 도약했다. 그리고 유통업을 넘어서 IT 서비스를 제공하는 '아마존 클라우드 서비스^{AWS}'라는 이름으로 세상에 없던 비즈니스 모델을 선도적으로 이끌고 있다. 또한 심각한 환경문제와 기후변화로 인해 작성된 파리기후변화협약 이후 모든 국가가 탄소 배출량을 제로화하는 것을 목표로 삼게 되면서 산업의 톱니바퀴가 한층 빠르게 돌아가고 있다. 대표적으로 전기차 같은 친환경 자동차가 대두되었다. 일론 머스크가 2003년에 설립하여 고작 20년이 채 안 된 전기차 제조업체 테슬라는 2021년 매출액이 60조 원에 달할 것으로 예상하고 있다. 시가총액은 무려 1000조 원을 넘어서고 있다. 2위인 도요타의 매출액이 300조 원 수준으로 예상되지만 시가총액은 350조 원인 것과 비교된다. 5분의 1 수준의 매출액에도 불구하고 주식시장에서는 압도적인 성장성과 기업가치를 인정해주고 있는 것을 볼 수 있다. 테슬라는 전기차 제조뿐 아니라 전기 에너지 생성 및 저장 시스템을 설계, 개발, 제조, 판매, 임대하는 지속 가능한 에너지 제품과 서비스를 제공하는 기업으로 변화하며 세상의 변화를 주도하고 그 중심에서 수익을 극대화할 수 있는 비즈니스 모델 구축을 계속 시도하고 있다.

아마존과 테슬라와 같이 시대를 이끄는 기업의 성장성과 확장성의 원천은 무엇일까. 전통적인 유통업과 자동차제조업 시장에서 정보통신 기술 발전을 활용하여 트렌드 변화에 적극적으로 대응하며 사업모델을 만들어 창업한 성공적인 디지털 트랜스포머의 결과로 분석할 수 있다. 그러나 투자자의 관점으로 조금 다르게 해석하면 다른 교훈을 얻을 수 있다. 아마존의 창업자 제프 베이조스는 벤처기업에서 첫 사회생활을 시작하고 뱅커스트러스트라는 금융사에서 일하기도 했다. 일론 머스크는 실리콘밸리에서 X.COM이라는 페이팔의 전신 기업을 설립하여 매각한 후에 젊은 나이에 억만장자가 되며 테슬라를 창업하였다. 실리콘밸리의 벤처 문화와 사모펀드의 한 형태인 벤처 펀드로부터 투자를 받고 경영하면서 효율성과 성장성을 극대화하는 데 집중하는 경영철학이 작용하고 있는 것처럼 보인다. 물론 그가 전설을 쓴 근본적인 이유는 창업가의 도전정신과 천재성 같은 마인드라고 볼 수 있지만 그들이 기업을 끌고 가는 방식은 사모펀드의 경영관리 방식과 닮아있다.

사모펀드가 인수하여 경영하는 기업은 유연하게 변화를 시도한다. PEF는 경영권을 인수하여 전문경영인을 파견하는 것을 통해 경영을 수행한다. 벤처캐피탈은 창업가의 동반자가 되어 기업의 성장과 혁신을 도와준다. 그 목적은 뚜렷하다. 투자된 자본의 수익 극대화를 통해 투자자들에게 돌려주고 높은 성과보수를 얻는 것이다. 투자자본이 수익을 극대화하려면 5~7년 정도의 호흡을 가지고 기업의 효율성과 성장성을 극대화하기 위해 변화를 추구해야 한다. 수십 년 이상 운영해온 기업의 오너가 생각하는 것과 접근방식이 다르다. 유목민들이 몸집을 가볍게 만들어 항상 새로운 땅을 개척하고 정복하러 달려가듯이 생존을 위해 기동성과 혁신, 관용성을 가지고 사모펀드는 움직여야 살아남을 수 있다. 그리고 그 생존 본능이 있기에 현재 우리가 마주한 세상의 변화에 강점을 보인다고 받아들일 수 있다. 이런 관점에서 전 세계에 흩어졌지만 강력한 네트워크를 구축한 유태인이나 징기스 칸의 몽골제국처럼 유목민처럼 경영하는 기업을 발굴해야 할 것이다. 사모펀드가 경영에 올바른 역할을 하며 참여하는 기업이거나 마치 사모펀드가 경영하듯 투자회사처럼 기민하게 경영하고 변화하고 확장하는 그룹과 기업을 찾는다면 좋은 투자 기회를 발견할 수 있을 것이다.

블록체인 기술을 기반으로 만들어진 가상화폐 거래 플랫폼인 업비트를 만들어 운영하는 두나무, 중고거래 플랫폼 당근마켓, BTS를 길러낸 하이브, 코로나19 백신을 개발한 모더나 등은 벤처 펀드가 투자한 자본을 기반으로 태동하여 불과 몇 년 사이 유니콘이 되는 압도적인 성장성을 보여주고 있다. 물론 벤처캐피탈이 투자한 기업이 전부 유니콘이 될 수는 없다. 하지만 투자자본은 단계별로 투자가 이루어진다. 최초 엔젤 투자부터 시작하여 기업가치 성장단계별로 시리즈 A부터 시리즈 D를 거쳐서 상장하는 단계를 걸치는데 어느 정도 사업모델이 자리 잡고 검증이 되는 단계에서 투자를 한다면 상장을 하면서 막대한 투자차익을 거둘 수 있는 기회를 잡을 수 있다는 것을 앞서 언급한 기업들이 증명해주었다. 이 같은 기술변화를 따라잡기 위해 전통 대기업들은 사내에 기업주도형 벤처캐피탈^{CVC}을 설립하여 신산업 분야에 대한 전략적 투자 활성화를 추진하고 있다. 우리나라 공정거래위원회에서도 공정거래법 개정을 통해 2022년부터 일반지주회사 아래 100% 자회사 형태로 벤처캐피탈을 소유할 수 있도록 인정해주었다.

벤처기업 중에서 미래의 유니콘을 발굴하는 일은 벤처 펀드를 운용하는 벤처캐피탈리스트가 아닌 이상 확률적으로나 기술적인 전문성 측면에서 어려울 수밖에 없다. 하지만 전통기업 중에서 성장동력을 마련하여 변화를 추구하는 방향이 메가트렌드에 부합하

현대차

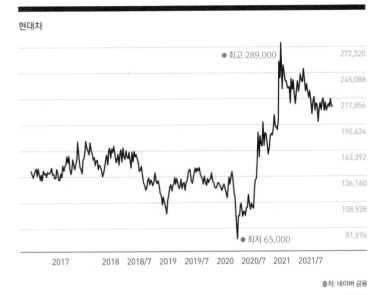

고 지배구조와 사업방식을 효율적으로 집중화하고 개선해가는 기업이 있다면 상식적이고 논리적인 판단하에 선제적으로 투자를 진행할 만하다. 가까이에서 발견할 수 있는 좋은 투자 성공사례가 있다. 전통 내연기관 자동차 제조기업 현대차이다. 한전 부지 고가 매입 등 시장의 비아냥을 받기도 한 현대차는 성장동력의 한계에 부딪혀 지난 5년 이상 기업가치가 정체되었다. 하지만 묵묵히 준비하며 칼을 갈아온 비장의 무기가 빛을 발하는 때가 왔다. 친환경 자동차 시대의 도래로 성장성과 기업가치를 인정받고 있는 테슬라처럼 수소차를 개발해 세계를 선도하는 현대차에 대한 재평가가 이뤄진 것이다. 2020년 상반기를 저점으로 하여 반전이 일어났고 주가는 저점 대비 3배, 그리고 최근 10년 평균 대비 50% 이상 상승했다. 이는 전통기업의 건강한 변화를 상징적으로 보여준다. 나아가 현대차 그룹은 테슬라가 그러했듯이 지속적인 확장성을 갖기 위해 노력하고 있다. 최근 수소에너지 모빌리티 확장(트램, 기차, 선박 등), 에너지 솔루션(주택, 빌딩, 공장, 발전소) 분야로까지 수소 전략을 확대하겠다고 발표했다.

또 다른 대기업으로는 LG화학이 있다. LG화학은 석유화학, 전지, 첨단소재, 생명과학 등의 사업 부문으로 나뉘어 사업을 영위하고 있는 대기업이다. 안정적인 사업을 유지하였으나 주가는 중장기 횡보의 양상을 보여주다가 현대차와 마찬가지로 2020년 상반기를 저점으로 저점 대비 5배, 과거 평균 대비 3배 이상의 주가가 상승했다. LG화학의 2차전지 배터리가 세계적인 제품으로 인정받고 메가트렌드에 속하는 성장성을 갖춘 것을 인정받은 것이다. 그리고 LG화학은 지속적인 성장을 하기 위해 또 다른 노력을 하고 있다. 배터리 소재, 엔지니어링 소재, IT 소재 경쟁력을 바탕으로 고부가 제품을 중심으로 한 포트폴리오 전환을 추진 중이다. 그 일환으로 전지 사업파트를 물적분할하여 LG에너지솔루션을 설립하였다. 그리고 국내 대형 사모펀드인 IMM과 함께 배터리와 ESG 기업 발굴을 위한 PEF를 설립하기도 하였다. 물론 LG에너지솔루션처럼 분할이 발표되었을 때 단기적으로 모회사인 LG화학 주가

LG화학

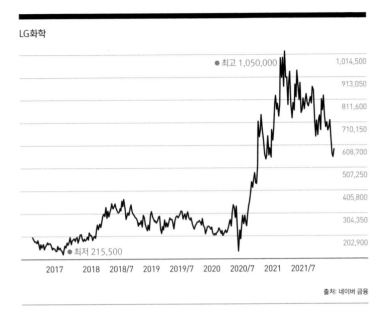

● 최고 1,050,000
1,014,500
913,050
811,600
710,150
608,700
507,250
405,800
304,350
202,900

● 최저 215,500

2017   2018   2018/7   2019   2019/7   2020   2020/7   2021   2021/7

출처: 네이버 금융

가 급락하면서 소액주주들의 원성을 사는 일이 있기도 한다. 다만 개인투자자 입장에서는 이런 지배구조 변화를 바라보는 관점을 가져야 할 것이고 대응하는 기준을 키우는 것이 중요하다. 향후 대기업 집단과 중견기업들은 이런 형태의 사업 포트폴리오 조정을 본격적으로 추진할 것이기 때문이다.

기업분할은 쉽게 말해 기업의 특정 사업을 떼어내서 별도의 기업을 설립하는 것을 말한다. 기업분할을 진행하면서 분할하는 기업에 특정 사업을 집중시켜 성장시킨 후 재상장하는 과정은 최근 분할 사례의 일반적인 양상이다. 이런 과정에서 해당 기업집단 전

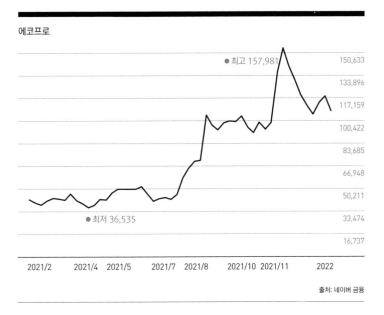

에코프로

● 최고 157,981

150,633

133,896

117,159

100,422

83,685

66,948

50,211

● 최저 36,535

33,474

16,737

2021/2 2021/4 2021/5 2021/7 2021/8 2021/10 2021/11 2022

출처: 네이버 금융

체로 보면 기업가치에 대한 재평가가 이뤄지는 동시에 기업의 경영권을 강화하고 지배 구조를 개선하는 방편으로 활용된다. 앞서 언급한 LG에너지솔루션 이외에 비슷한 사례가 이마트에서 온라인사업부를 분할해 SSG닷컴을 신설한 경우다.

급성장하는 기업집단이면서 가장 활발하게 기업분할을 활용해 성공한 기업으로는 에코프로 그룹을 꼽을 수 있다. 당초 ㈜에코프로는 유해가스 저감장치, 대기환경 플랜트 등 환경사업을 영위하다가 2016년 양극 소재 부분을 물적분할하여 ㈜에코프로비엠을 설립했다. 분할 당시에는 성장성 있는 배터리 소재가 빠져나오면서 모회사 주가가 한동안 지지부진하는 양상을 보이기도 했으나 에코프로비엠의 실적과 성장성이 본격화되면서 모회사의 주가가 부양되는 흐름을 보여주었다. 이후 2021년 5월 대기환경 부분을 인적 분할하여 에코프로에이치엔을 설립하면서 지주회사로 전환하였다.

기업분할과 주가의 관계는 복합적이다. 그래서 주가 예측이 쉽지 않다. 다만 긍정적인 의미에서 사업 포트폴리오와 지배구조를 개선하는 일환의 기업분할을 진행하는 경우 사업 분리를 통해 전문성을 강화할 수 있고 투자 유치 등에도 도움이 될 수 있다. 그리고 분할 이후 사업에 대한 책임경영과 신속한 의사결정이 가능해짐에 따라 기업 전체로 보면 중장기적으로 기업가치에 유리한 측면이 있다. 최근 몇 년 사이 급속하게 진행되고 있는 그룹사들의 사업 포트폴리오 조정은 그룹의 생존과 성장을 위한 필수적인 몸부림으로 이해할 수 있다. 그 과정에서 실행되는 사업부 분할은 사업별로 그룹의 역량을 집결시키고 비핵심 사업은 분할을 통해 쉽게 매각하려는 움직임이라고 볼 수 있다.

결국 이런 변화를 추구하는 기업을 분석할 때 주안점을 둘 부분은 그런 변화가 효율성과 유연성 등 기업경영의 체질 개선을 해나가는 과정인지를 선별하는 것이다. 항공모함과 같은 대기업이 쾌속선인 사모펀드처럼 빠르게 의사결정을 내리고 투자하기는 현실적으로 어렵다. 다만 변화의 몸부림을 통해 기존의 강점을 활용하여 새로운 성장동력을 강화할 수 있다면 확고하게 시장 지배력을 유지할 수 있다. 그런 노력은 시장에서 기업가치로 화답할 것이라고 본다.

33

'계란을 한 바구니에 담지 말라.' 몰아서 투자하는 것보다는 분산 투자가 안정적이라는 주식시장의 격언이다. 이는 'PEF 따라 하기'에서도 적용된다. PEF 투자에서도 당초 계산한 것과 달리 업황이 달라져 고전하는 경우가 종종 있다. 베인캐피탈은 2017년 보툴리눔 톡신 기업 휴젤을 인수했다. 앞서 화장품업체 카버코리아를 1년 반 만에 매각해 원금 3000억 원으로 1조 9000억 원의 수익을 올린 때였다.

자신감이 높아진 베인캐피탈은 숱한 분석을 통해 휴젤도 성공할 수 있다고 봤다. 카버코리아의 성공 방식이 그대로 대입될 수 있는 투자 건으로 해석했다. 카버코리아는 주요 브랜드인 'AHC'를 중국 내 회사에 대량 공급하는 B2B(기업 간 거래) 방식을 채택했다. AHC가 국내 화장품 회사를 강타한 중국의 사드 보복 사태의 규제에서 벗어나자 중국 내 보따리상(따이궁)이 입도선매를 했다. 중국 시장 매출이 급증하면서 글로벌 기업 유니레버가 카버코리아를 높은 가격에 인수하기에 이르렀다.

휴젤도 중국 시장 진출이 늘면 손쉽게 성장세를 탈 수 있다고 봤다. 그러나 계산에 넣지 못한 이슈들이 연달아 발생했다. 중국이 보톡스 제품에 대한 규제를 강화하고 보부상 활동마저 제약하면서 중국 시장 매출이 급감했다. 메디톡스가 제품의 저가 공세를 펼친 것도 계산에 없던 일이다. 국내에서 과점시장이 형성된 만큼 적정 수준의 가격을 유지하면 안정적 우상향이 가능했다. 그러나 메디톡스가 상식 밖의 저가 경쟁을 시작하면서 수익성이 뚝 떨어졌다. 한 IB 인사는 "메디톡스의 저가 공세는 어떤 시뮬레이션을 돌려봐도 나올 수 없는 리스크"라며 "예상치 못한 시나리오가 현실화되자 베인캐피탈이 굉장히 곤욕스러워했다"고 전했다. 실제 휴젤의 주가는 인수 시기 지분 100% 기준 1조 9000억 원 수준에서 2018년 6월 1조 원까지 떨어졌다.

결과는 해피엔딩이다. 2020년 국내 업체 중 최초로 중국 내 공식 판매 허가를 받으면서 휴젤의 기업가치가 높아진 덕분이다. 신성장동력이 필요한 GS그룹이 2021년 컨소시엄을 구축해 베인캐피탈 보유 지분을 1조 7239억 원에 사들였다. 베인캐피탈 초기 투자금액(9274억 원)의 두 배가량의 금액이다. 2018년 6월 이후 휴젤

주가도 대체로 우상향하면서 주주들도 수익을 올렸다.

다만 휴젤의 사례처럼 성공 신화를 쓴 PEF도 예상치 못한 악재를 만나 고전하는 경우가 많다. 중국의 사드 보복으로 중국 관광객이 줄자 화장품 로드숍들이 직격탄을 맞았다. 화장품 로드샵 1호인 스킨푸드는 경영악화에 법정관리 신청을 하는 아픔을 겪었다. IMM프라이빗에쿼티 역시 2017년 인수한 화장품 브랜드 미샤를 운영하는 에이블씨엔씨가 아픈 손가락이다. 지분 25.54%를 1882억 원에 사들였지만 2021년 시가총액은 2000억 원 초반에 그치고 있다. 인수 가격의 1/4가량에 불과할 만큼 고전을 면치 못했다.

다른 PEF인 어피너티에쿼티파트너스 역시 주방 생활용품 업체 락앤락을 2017년 주당 1만 8000원에 지분 63.6%를 샀지만 현재 주가는 1만 원 초반대를 오가고 있다. 재고 관리에 어려움을 겪으면서 수익성 제고에 실패했다. 생각보다 락앤락 제품이 튼튼해 교체 수요가 적은 게 주요 원인으로 꼽힌다. 자사주 매각 등 주주 친화 정책을 꾸준히 실시하지만 주업의 부진이 상승을 제한하고 있다.

PEF는 뛰어난 분석가이지만 모든 투자에서 성공하지는 못한다. 주가 상승 동력이 확실한 미래 산업일수록 주가 상승 폭은 크다는 점에서 투자하기 전에 옥석 가리기가 필요하다. 분산 투자를 할 경우 매년 배당과 차익 실현을 통해 쏠쏠한 수익을 안정적으로 올릴 수 있다.

개미 투자자들은 PEF의 엑시트 시점도 눈여겨봐야 한다. 다른 상장 기업과 달리 PEF가 보유한 상장사는 특정 시점이 되면 매각해야 한다. 꾸준히 인수합병^{M&A}시장의 잠재 매물로 주목받게 된다. 통상 매각을 공식화하면 주가는 향후 기대감으로 오름세를 보인다. PEF의 움직임을 예상하고 투자하면 수익성을 극대화할 수 있다. 또 장기투자자는 현재 주가 흐름이 약세를 보이더라도 향후 수익분기점을 넘길 모멘텀을 갖게 된다. 다른 투자처보다 PEF의 포트폴리오 기업이 안정적인 이유가 여기에 있다. PEF 시장은 누적 약정액이 100조 원을 넘어서면서 더 활발한 투자가 예고된다. 이때 PEF의 투자처를 관찰하고 나름의 투자 포트폴리오를 구축하면 초보자도 스마트 개미에 가까워질 수 있다.

34

사모펀드^{PEF}의 궁극적인 목표는 투자수익 창출이다. 매력적인 기업을 선정하는 것은 이런 PEF의 목표를 실현하기 위한 출발점이자 가장 중요한 과정이다. 최근 주식시장에 개인투자자의 활동이 활발해지고, 스타트업 및 플랫폼 기업들의 시가총액이 급증하면서 다양한 기업가치 평가 기법들이 등장하여 투자의사 결정에 활용되고 있다. 전통적인 평가 방법인 주가이익비율$^{PER, Price-Earnings\ Ratio}$부터 플랫폼 기업에 적용되는 월간 사용자 수$^{MAU, Monthly\ Active\ User}$까지, 시장은 다양한 형태로 기업의 가치를 평가하고 있다.

　PEF는 단기적 주가 흐름이 아닌 보다 본질적으로 기업가치에 접근한다. 이익, 정확하게는 현금흐름을 안정적으로 창출하는 기업이 가치를 인정받는다는 것을 기본 원칙으로 삼는다. 미래가치도 중요하지만 현재까지 기업이 창출해왔던 현금흐름과 이익의 가치를 중요하게 생각하는 것이다. 기업이 쌓아 온 성과와 이익이 안정적으로 유지된다는 전제로, 투자금액이 적정한지를 파악하는 것이 PEF가 바라보는 기업가치 분석의 핵심이다.

이러한 PEF의 기업가치 분석 목적에 가장 부합하는 지표는 EV/EBITDA이다. EV란 기업가치^{Enterprise Value}의 약어로, 기업의 총 가치를 의미한다. EBITDA는 상각전이익^{Earnings Before Interest, Tax, Depreciation and Amortization}이라는 말로, 회사의 연간 영업 현금흐름을 가장 근접하게 보여주는 지표이다. 기업가치를 상각전이익으로 나누면 나오는 숫자를 흔히 EV/EBITDA 배수^{Multiple}라고 칭하는데, PEF 투자에서는 '이 기업을 몇 배수에 인수'했는지를 판단하는 것이 투자금액의 적정성을 확인할 수 있는 지표가 된다. 쉽게 말해 회사를 인수해서 몇 년 내로 원금을 회수할 수 있는지 파악하는 수치다.

상각전이익^{EBITDA}은 통상적으로 최근 1년간의 실적을 의미한다. PEF의 본질적인 투자가치는 '현재까지의 기업의 실적'을 근간으로 한다는 의미다. '돈을 벌고 있는 기업'에 투자하는 것을 기본으로 한다는 점은 PEF가 본질적인 기업가치에 접근한다는 점을 가장 잘 보여주는 부분이다. 기업가치^{EV}는 PEF가 투자를 검토하는 금액과 관련이 있고, 상각전이익은 최근 재무실적 분석 및 재무실사 결과를 통해 간단히 계산되므로, 배수를 산출하는 것은 어려운 작업이 아니다. PEF 투자 검토의 핵심은 그 배수가 적정한 배수인가를 판단하는 것에 있다.

'EV/EBITDA 몇 배수'에 회사를 인수하는 것이 적정 가격인가는 기업이 속한 시장의 환경, 향후 기업의 성장가치, 과거 인수한 사례 등을 종합적으로 고려하여 판단하게 된다. 특히 PEF는 기업의 고유한 가치에 접근한다는 점에서, 다음과 같은 부분에 특히 집중하여 적정 가격을 검토한다.

① 산업이 성장 국면인지? 추가 인수합병을 통해 수직, 수평적 통합이 가능한 시장인지?
② 기업의 매출이 특정 고객에 편중되지는 않는지? 투자 이후 고객 다변화가 가능한지?
③ 원가 및 비용은 적정하게 집행되고 있는지? 효율성 제고가 가능한지?
④ 과거 동종업계의 투자 및 인수 사례는 어떠한지? 거래가 활발하게 일어나고 있는지?

특히 첫 번째 항목의 경우 기업이 속한 산업 환경 및 매출과 직결되는 부분이다. PEF는 투자 검토를 진행할 때 가장 많은 시간을 들이고 자원을 투입하여 검토하는 영역이다. 산업의 환경을 분석하는 과정에서 업계의 많은 전문가를 만나고 컨설팅을 받는 작업을 함께한다. 흔히 PEF 투자가 단순히 인수 후 비용 절감만을 목표로 하고 있다고 알고 있지만 사실은 기업의 근본적인 성장을 목표로 한다. 산업 내 경쟁사, 또는 기업이 속한 생태계 내의 다른 업체를 추가로 인수할 기회가 있는지를 파악하는 것은 투자를 검토할 때 매우 중요한 포인트다. 매출과 영업이익을 비교적 단기간 내에 동반 성장시켜야 하는 PEF 운용의 특성상, 추가 인수의 기회는 이 모두를 만족시키는 좋은 선택지가 된다.

기업이 창출하는 매출의 구성도 중요한 검토 지점이다. 매출이 특정 고객에게 편중되어 있거나 고객이 납품 계약의 주도권을 가지고 있는 경우, 인수 이후 매출의 안정성을 확보한다는 관점에서 투자 적정성을 면밀히 살펴보게 된다. PEF 투자를 통한 주주 변경이 향후 고객과의 관계에서 미칠 영향도 면밀히 검토되어야 한다. 이러한 정보는 주로 투자 대상 기업 관계자 및 매도인과 관계를 맺고 대화하는 과정에서 얻게 되며, PEF 투자 검토에 있어서 매우 중요한 작업이 된다.

마지막으로 동종업계 투자 및 인수한 사례 분석을 통해 투자금액의 적정성을 최종적으로 확인한다. 거래 사례가 많은 산업의 경우 간단한 비교 분석을 통해 투자금액의 적정성을 확인할 수 있다. 거래가 자주 발생한다는 것은 향후 PEF 투자 대상 기업의 투자금 회수를 위한 거래 상대방도 어렵지 않게 찾을 수 있음을 의미하기 때문이다. 부동산 거래에서 '환급성'을 고려해 빌라보다 아파트가 선호되는 현상과 비슷하다. 거래 사례가 많지 않은 산업의 경우 PEF의 투자금 회수 측면에서 구체적인 검토를 해야 하며, 배수의 적정성 검토 시 보수적인 접근이 필요하다.

이런 여러 단계의 투자 검토가 완료되면 최종 판단을 내린다. PEF의 최종 투자의사 결정의 배경에는 위에 언급한 많은 자원과 노력, 그리고 시간이 전제된다. 이는 최소 몇 개월에서 많게는 수년이 걸리는 작업이다. 산업에 대한 철저한 이해 및 기업의 가치가 궁극적으로 성장할 수 있을지에 대한 검토도 따라오기 때문이다. 무엇보다 기업가치의 본질인 '돈을 버는 회사'에 투자한다는 점에서 PEF 투자를 검토하는 과정은 투자 이론이 전통적으로 추구하는 가치투자를 지향하고 있다.

그러한 점에서 PEF의 투자 검토 과정을 면밀히 살펴보는 것은 장기적인 가치투자를 지향하는 개인투자자들에게도 시사하는 바가 크다. 원금 손실이 있는 지분 투자를 할 때 단순히 소문에 의존하거나 그래프 차트만 봐서는 이기는 게임을 하기 어렵다. 개미는 결론적으로 손해만 본다는 인식이 있는 것도 정보 비대칭성에 따른 잘못된 의사 결정 때문이다. 투자 대상에 대해 연구하고 성장성과 안정성이 보장된 곳에 투자하는 것이 자산을 불리는 유효한 수단이다. 그러나 일반 투자자에게 PEF와 같은 투자 검토를 요구하는 것은 사실상 불가능하다. 그렇다면 PEF가 수행한 노력에 동승하는 것도 유효한 투자 전략이다. 3~5년 내에 투자금을 회수하는

PEF는 연평균 10% 이상의 수익을 목표로 하고, 많은 곳들이 이런 실적을 달성한다. 그렇다면 본인이 유망하다고 본 섹터 중 검증된 PEF가 투자한 기업을 투자 포트폴리오에 담는다면 리스크를 줄이면서도 수익을 올릴 수 있을 것으로 기대할 수 있다.

지역적으로 잘 적응한 결과 오히려 열린 사회에서 적응하지 못한다. 바로 갈라파고스 증후군이다. 이 개념은 각종 전자제품에서 선두를 달리던 일본이 든든한 내수 시장만 믿고 세계 시장과 단절된 상황을 설명하려고 만들어졌다. 빠르게 변화하는 세상에서 현실 감각이 얼마나 없었으면 세상과 동떨어진 남태평양의 고도孤島 갈라파고스섬과 비교했을까? 이는 일본 전자 기업만의 이야기가 아니다. 4차 산업혁명과 코로나19라는 양대 혁명이 맞물린 오늘날 많은 기업들에 해당하는 이야기다.

플랫폼, 모빌리티, 바이오 기업 등 혁신기업은 10년 사이 기업 가치가 몰라보게 커졌다. 국내 유니콘 기업(기업가치 1조 원 이상의 비상장사)은 18개에 이른다. 2021년에만 7개 기업이 늘어나 2017년 3

개 회사와 비교해 6배나 늘어났다. 핀테크 업체 두나무를 비롯해 신선 배송업체 컬리, 중고거래 플랫폼 당근마켓, 부동산 중개 플랫폼 직방, 인테리어 플랫폼 버킷플레이스, 신선 배송업체 오아시스마켓, 모바일 게임 엔픽셀 등이 유니콘 기업에 이름을 올렸다.

전통 기업은 세상의 빠른 변화에 숨이 막힐 지경일 것이다. 수십 년간 기술 · 품질이라는 경쟁력을 높여 왔지만 갓 10년도 되지 않은 회사와의 격차가 너무 크다. 자동차산업은 전기차 시대가 시작되어 내연기관 시대가 저물고 있다. 과거 뛰어난 엔진 기술은 갑작스레 효용가치가 떨어졌다. 이들의 수명은 길어야 10년 남짓이다.

반면 생활 문법의 변화로 일부 섹터는 빠르게 성장하고 있다. 대리운전, 일일 택배 등 소규모 사업으로 시작한 배달업은 배달의민족, 요기요 등 배달 플랫폼의 등장으로 큰 시장이 됐다. 업체 중빅 3인 생각대로, 바로고, 부릉은 기업가치가 5000억~1조 원이 됐다. 밀키트 시장은 5년 사이에 폭발적으로 성장하면서 선두 기업인 프레시지가 3000억 원이 넘는 가격에 경영권이 거래됐다.

2020년대는 변화하고 진화하는 기업만 생존할 수 있다. 물론 기업의 자력으로 이를 헤쳐나가기는 쉽지 않다. 자금력과 우수한 인재가 풍부한 일부 대기업만이 돌파가 가능하다. 결국 우호적인 재무적투자자[FI]를 통해 실탄과 인수합병[M&A] 노하우를 확보해야 하는 것이다. 이 책의 제목처럼 사모펀드는 100조 원을 움직이는 '큰손'

이다. 지난 17년 동안 M&A를 전문적으로 해오면서 투자 노하우도 다양하게 쌓였다.

이들을 적절히 활용한다면 위기의 시대에 기회를 얻을 수 있다. FI와 함께한 M&A로 대기업으로 성장한 하림, 아이에스동서, 한국콜마나 투자 유치를 활용해 똘똘한 자회사를 다수 거느린 카카오, 에코프로가 될 수 있다. 갑작스러운 재무적 위기로 모든 기업을 잃을 뻔한 코스모그룹은 FI의 도움으로 재무 상황을 개선해 사세를 더 확장했다. 4차 산업혁명이라는 높은 파고는 우리나라 기업들에게 큰 위기이자 위협이다. 그러나 위기는 곧 기회다. 유능한 조타수인 사모펀드를 영입하면 대항해 시대를 호령하는 선장이 될 기회를 얻을 수 있다. 지금이야말로 불굴의 기업가 정신이 필요하다. 대항해 시대를 향해 돛을 올리는 기업인들이 많아지기를 바란다.